MP3 다운로드 방법

컴퓨터에서
• 네이버 블로그 주소란에 **www.lancom.co.kr** 입력 또는
  네이버 블로그 검색창에 **랭컴**을 입력하신 후 다운로드

• **www.webhard.co.kr**에서 직접 다운로드
  아이디　　 : **lancombook**
  패스워드 : **lancombook**

영어시험 만점받는
초등 필수 영단어 1000

지은이 **김주영**

지은이는 학생들이 '선생님, 영어가 정말 재미있어요!'라는 말이 제일 듣기 좋다는 똑부러지는 선생님이다. 주입식 영어교육은 이제 그만! 어린이들이 쉽고 재미있게 영어를 배울 수는 없을까? 어떻게 하면 영어에 흥미를 가질 수 있을까? 매일이 고민인 영어 선생님이자 열혈 엄마로서, 재미없는 수동적 영어 공부가 아닌 다양한 자료를 활용한 능동적이고 재미있는 영어 학습서 개발에 힘쓰고 있다.

저서

영어시험 만점받는 초등필수 영단어 1000
영어시험 만점받는 초등 영단어 사전
영어시험 만점받는 초등 영어일기 패턴
영어시험 만점받는 초등영어 스피킹 패턴

영어시험 만점받는
초등 필수 영단어 1000

2019년 7월 15일 초판 01쇄 인쇄
2023년 3월 25일 초판 17쇄 발행

지은이 김주영
발행인 손건
편집기획 김상배, 장수경
마케팅 이언영
디자인 이성세
제작 최승용
인쇄 선경프린테크

발행처 _LanCom_ 랭컴
주소 서울시 영등포구 영신로34길 19, 3층
등록번호 제 312-2006-00060호
전화 02) 2636-0895
팩스 02) 2636-0896
이메일 elancom@naver.com

ⓒ 랭컴 2019
ISBN 979-11-89204-43-3 63740

영어시험 만점받는

초등필수
영단어
1000

김주영 지음

LanCom
Language & Communication

일러두기

단어를 모르고 영어를 공부한다는 것은 벽돌도 없이 집을 짓겠다는 이야기죠. 단어가 모여 문장이 되는데... 한 문장의 의미를 이해하기 위해서는 문법도 알아야 하지만, 우선 각 단어의 의미를 알아야 영어를 제대로 이해할 수 있어요. 이 책은 초등학생이면 누구나 반드시 알아야 할 단어를 보기 쉽게 다음과 같이 꾸몄답니다.

🥄 단번에 찾을 수 있도록 표제어를 크게 했어요.

표제어는 한눈에 찾아보기 쉽도록 크고 굵은 볼드체로 표기하고 알파벳순으로 배열했어요. 교육부에서 지정한 초등 영단어 800개와 초등학생이 알아두면 좋을 단어 200개를 엄선하여 총 1,000단어를 수록했어요.

🥄 발음기호를 모르더라도 읽을 수 있도록 한글로 표기했어요.

모든 표제어와 관련된 단어에는 미국식 발음만을 제공하는 것을 원칙으로 하여 발음기호를 표기했어요. 영어 발음을 그대로 한글로 표기하는 것은 매우 어려운 일이죠. 하지만 발음기호를 잘 모르는 학생들을 위해 읽기 쉽게 한글로 표기했어요.

🥄 명사의 복수형과 동사의 변화형을 두었어요.

표제어가 명사인 경우는 복수형을, 동사인 경우는 과거형, 과거분사형, 현재분사형, 3인칭단수현재형을 표제어 뒤에 작은 볼드체로 표시해두었어요.

need needs / needed, needed, needing, needs

[ni:d 니드] 명 필요 동 필요하다

I need a rest.
나는 휴식이 필요하다.

feel the **need**
~할 필요를 느끼다

🌺 간단한 어법 설명과 각 단어마다 암기구를 두었어요.

자연스럽고 상황에 맞는 언어 구사를 위해서 알아야 할 문법적인 지식을 간략하게 소개하였으며, 제시어에 관련된 단어의 용법과 뉘앙스를 헷갈리지 않도록 이해하기 쉬운 표현으로 설명했어요. 또한 각 표제어 옆에 암기구를 두어 암기에 도움이 되도록 했어요.

boat boats

[bout 보우트] 명 배

There is a boat on the lake.
호수 위에 배 한 척이 있다.

get in a **boat**
배를 타다

● there is ~ / there are ~

'~가 있다'라고 할 때 가장 일반적으로 쓰이는 표현은 There is ~, There are ~입니다.
주어가 단수일 때 **There is** ~, 복수일 때 **There are** ~.를 씁니다.
There is a vase on the table. 탁자 위에 꽃병이 하나 있습니다.
There are two vases on the table. 탁자 위에 꽃병이 두 개 있습니다.

🌺 예문은 초등학생의 수준에 맞게 쉽고 자연스런 표현만 엄선했어요.

단어의 중심적인 뜻은 예문을 통해서 외워야 효과적이죠. 단어는 보통 두 가지 이상의 뜻을 가지고 있으므로 중심적인 뜻만 우선 암기하면 돼요. 따라서 단어가 지닌 모든 뜻을 암기하는 데 시간을 낭비할 필요가 없죠. 단어의 가장 핵심적인 뜻과 간편하면서도 활용도가 높은 예문을 선정하였으니 이것만 성실하게 익힌다면 기본이 탄탄한 단어 실력으로 초등영어에 대한 자신감을 심어줄 거예요. 예문에서 제시어는 별색으로 표시해두었어요.

hobby hobbies

[hábi 하비] 명 취미

What is your hobby?
네 취미는 뭐니?

- **Painting.** 그림이야.

paint as a **hobby**
취미로 그림을 그리다

✱ 그림을 통해 재미있게 단어를 익힐 수 있어요.

단어의 의미를 좀 더 정확하게 이해할 수 있도록 유익한 일러스트로 보여 주고 있어요. 일러스트는 그 단어를 오랜 시간 기억하는 데 도움을 주고 학생들의 흥미를 불러일으킴과 동시에 학습 동기를 갖게 해요.

✱ 주제별 단어를 부록으로 두어 한눈에 익히도록 했어요.

영단어를 익히면서 흥미를 돋우고 지루하지 않도록 제시어에 관련된 단어를 주제별로 수록하여 그림과 함께 단어를 즐겁게 공부할 수 있어요.

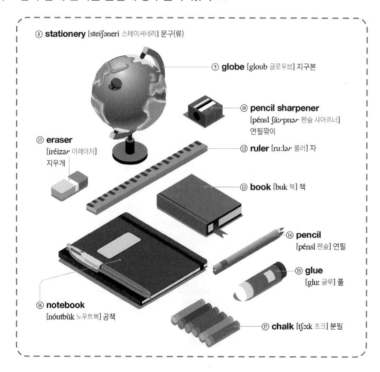

✿ 원어민의 음성으로 정확한 발음을 익힐 수 있어요.

정확한 영어 발음을 익힐 때는 반드시 무료로 제공(www.lancom.co.kr)하는 MP3 파일을 이용하세요. 영어를 배울 때는 듣는 것이 무척 중요하답니다. 원어민이 자연스런 속도로 녹음하였으며 표제 단어와 대표 예문 하나씩을 친절하게 들려줍니다.

✿ 품사표시 일러두기

↔ 반대어	= 동의어	명 명사	대 대명사	관 관사
동 동사	형 형용사	부 부사	전 전치사	접 접속사
감 감탄사	의 의문사	조 조동사		

✿ 영어발음 한글표기 일러두기

1. 장음부호[:]는 한글발음에서는 생략하였으므로 발음기호를 보고 길게 발음해보세요.

movie [múːvi 무ː비 → 무비]

2. 이탤릭체 [r]은 한글로 표기하면 [ㄹ]이지만 표기를 간단히 하기 위해 생략하였으므로 영어 발음기호를 보고 혀를 약간 말아서 발음하세요.

father [fάːðər 파ː더ㄹ →파더]

3. [s]는 뒤에 모음이 오면 강하게 [ㅆ]으로, 자음이 오면 [ㅅ]으로 표기했어요.

sun [sʌn 썬] / **ask** [æsk 애스크]

4. [k]가 받침이 되는 경우는 [ㄱ]으로, [p]가 받침이 되는 경우는 [ㅂ]으로, [t]가 받침이 되는 경우는 [ㅅ]으로 표기했어요.

cook [kuk 쿡 → 쿡] / **cup** [kʌp 컾 → 컵]
basket [bǽskit 배스킽 → 배스킷]

📣 알파벳과 단어 읽는 법

ㄱ + ㅐ → 개
[기역   애]   [개]

d + o + g → dog
[디 오우 쥐:]   [독]

우리말에 '개'를 '기역, 애'라고 따로 떼어서 읽지 않듯이 영어에서도 dog를 '디, 오우, 쥐:'라고 읽지 않고 '독'이라고 읽어요.

알파벳은 '소리'를 나타내는 문자이죠. 그러므로 '문자 그 자체'를 읽는 것이 아니라, 그 문자가 '단어의 일부 되었을 때 읽는 법'을 아는 것이 매우 중요해요. 즉, 우리말에서 ㄱ, ㄴ, ㄷ, ㄹ... 등의 자음과 ㅏ,ㅑ,ㅓ,ㅕ,ㅗ,ㅛ... 등의 모음이 합쳐져 하나의 음절을 이루고, 그 음절이 모여 단어가 되듯이 영어도 위의 예처럼 마찬가지죠.

✹ 모음

A a [애/에이/아]	E e [에/이:/어]	I i [이/아이/어]	O o [오/오우/아]	U u [어/유:/우]
ant [앤트] 개미	**pen** [펜] 펜	**kid** [키드] 아이	**oil** [오일] 기름	**bus** [버스] 버스
game [게임] 게임	**she** [쉬:] 그녀	**ice** [아이스] 얼음	**note** [노우트] 공책	**tube** [튜:브] 튜브
car [카:ㄹ] 자동차	**cover** [커버ㄹ] 덮개	**bird** [버:ㄹ드] 새	**top** [탑] 정상	**bull** [불] 황소

✹ 자음

B b	**boy** [보이] 소년	C c	**camp** [캠프] 야영지	D d	**dad** [대드] 아빠
F f	**fish** [피쉬] 물고기	G g	**gift** [기프트] 선물	H h	**hill** [힐] 언덕
J j	**jelly** [젤리] 젤리	K k	**king** [킹] 왕	L l	**lion** [라이언] 사자
M m	**money** [머니] 돈	N n	**name** [네임] 이름	P p	**pig** [피그] 돼지
Q q	**quiz** [퀴즈] 퀴즈	R r	**rain** [레인] 비	S s	**star** [스타:ㄹ] 별
T t	**tiger** [타이거ㄹ] 호랑이	V v	**vase** [베이스] 꽃병	W w	**window** [윈도우] 창문
X x	**box** [박스] 박스	Y y	**yellow** [옐로우] 노랑	Z z	**zoo** [주:] 동물원

☞ 다음 알파벳은 위의 소릿값과 다르게 읽는 경우도 있어요.

C c	**city** [씨티] 도시	G g	**orange** [오:린지] 오렌지	S s	**rose** [로:즈] 장미

자음을 나타내는 발음기호 Consonant

단어를 읽기 위해서는 일정한 발음 규칙이 필요한데, 이것을 기호로 나타낸 것이 발음기호라고 해요. 발음기호는 괄호[ ] 안에 표기를 하며 이러한 발음기호가 어떤 소리를 내는지 알면 단어를 정확하게 읽을 수 있죠.

자음(Consonant)이란 발음을 할 때 공기가 혀나 입, 입술, 입천장 등에 부딪히며 나는 소리를 말해요. 자음은 **k, p, t**처럼 성대가 울리지 않는 무성음과 **b, d, g**와 같이 성대가 울리는 유성음으로 구성되어 있어요.

✹ 자음을 나타내는 발음기호

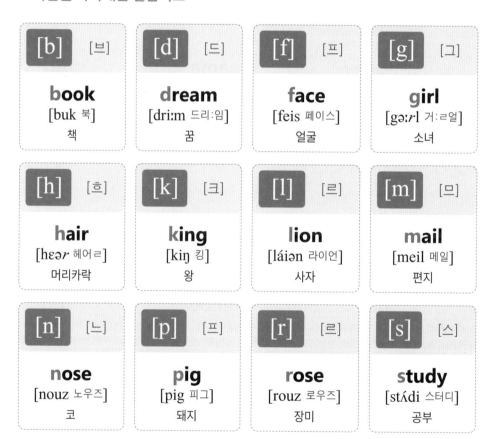

[b] [브]	[d] [드]	[f] [프]	[g] [그]
book [buk 북] 책	**d**ream [dri:m 드리:임] 꿈	**f**ace [feis 페이스] 얼굴	**g**irl [gəːrl 거ːㄹ얼] 소녀
[h] [흐]	[k] [크]	[l] [르]	[m] [므]
hair [hɛər 헤어ㄹ] 머리카락	**k**ing [kiŋ 킹] 왕	**l**ion [láiən 라이언] 사자	**m**ail [meil 메일] 편지
[n] [느]	[p] [프]	[r] [르]	[s] [스]
nose [nouz 노우즈] 코	**p**ig [pig 피그] 돼지	**r**ose [rouz 로우즈] 장미	**s**tudy [stʌ́di 스터디] 공부

[t] [트]	[v] [브]	[z] [즈]	[θ] [쓰]
tie	**violin**	**zoo**	**three**
[tai 타이]	[vàiəlín 바이얼린]	[zu: 주ː]	[θri: 쓰리ː]
넥타이	바이올린	동물원	3, 셋

[ð] [드]	[ʃ] [쉬]
brother	**shark**
[brʌ́ðər 브러더]	[ʃɑːrk 샤ː르크]
형제	상어

[ʒ] [쥐]	[dʒ] [쥐]	[tʃ] [취]	[ŋ] [응]
television	**jeans**	**chocolate**	**song**
[téləvìʒən 텔러비전]	[dʒiːnz 진즈]	[tʃɔ́ːkəlit 초ː컬릿]	[sɔːŋ 쏘ː옹]
텔레비전	청바지	초콜릿	노래

✤ 반자음을 나타내는 발음기호

[j] [이]	[w] [우]
yes	**wood**
[jes 예스]	[wud 우드]
네	나무

모음을 나타내는 발음기호 Vowel

모음(Vowel)이란 발음을 할 때 공기가 혀나 입, 입술, 입천장 등에 부딪히지 않고 목과 입 안의
울림으로 나는 소리를 말해요. 모든 모음은 성대가 울리는 유성음으로 구성되어 있어요.

✹ 모음을 나타내는 발음기호

[a] [아]	[ʌ] [어]	[ə] [어]	[ɔ] [오]
box	**cup**	**gorilla**	**boy**
[bɑks 박스]	[kʌp 컵]	[gərílə 거릴러]	[bɔi 보이]
상자	컵	고릴라	소년

[u] [우]	[i] [이]	[e] [에]	[æ] [애]
cook	**milk**	**melon**	**cat**
[kuk 쿡]	[milk 밀크]	[melən 멜런]	[kæt 캩]
요리사	우유	멜론	고양이

✹ 장모음을 나타내는 발음기호

[ɑː] [아ː]	[ɑːr] [아ːㄹ]	[əːr] [어ːㄹ]	[ɔː] [오ː]
father	**bar**	**bird**	**dog**
[fɑːðər 파ː더ㄹ]	[bɑːr 바ːㄹ]	[bəːrd 버ːㄹ드]	[dɔːg 도ː그]
아버지	막대기	새	개

morning
[mɔ́ːrniŋ 모ː르닝]
아침

[ɔːr] [오ː르]

movie
[múːvi 무ː비]
영화

[uː] [우ː]

teacher
[tíːtʃər 티ː처ː르]
선생님

[iː] [이ː]

🍃 이중모음을 나타내는 발음기호

pilot
[páilət 파일럳]
조종사

[ai] [아이]

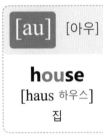

house
[haus 하우스]
집

[au] [아우]

toy
[tɔi 토이]
장난감

[ɔi] [오이]

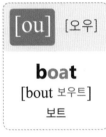

boat
[bout 보우트]
보트

[ou] [오우]

baker
[béikər 베이커르]
제빵사

[ei] [에이]

airport
[ɛərpɔːrt 에어르
포ː르트] 공항

[ɛər] [에어르]

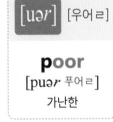

poor
[puər 푸어르]
가난한

[uər] [우어르]

ear
[iər 이어르]
귀

[iər] 이어르

 품사 Parts of speech

영어 단어는 크게 8가지로 분류될 수 있어요. 우리는 이것을 영어의 8품사라고 하죠. 명사 noun, 대명사 pronoun, 동사 verb, 형용사 adjective, 부사 adverb, 전치사 preposition, 접속사 conjunction, 감탄사 interjection가 바로 이것들이에요. 이 8품사가 문장에서 어떻게 쓰이는지 알아볼까요?

1 모든 사물의 이름인 명사 noun

명사는 사람, 동식물이나 사물, 장소의 이름, 명칭을 나타내며 문장에서 주어, 목적어, 보어로 쓰이죠.

father 아버지 desk 책상 dog 개 flower 꽃 air 공기 water 물 …

2 명사를 대신하는 대명사 pronoun

사람, 동식물이나 사물의 이름을 대신하여 나타내죠.

I 나 you 당신 she 그녀 he 그 this 이것 who 누구 …

3 주어의 움직임을 나타내는 동사 verb

사람, 동물, 사물의 동작이나 상태를 나타내며 문장에서 없어서는 안 될 중요한 역할을 하죠. 주부와 술부로 이루어진 우리말에서 술부의 끝맺음 말에 해당하여 '~다'로 해석되어요.

go 가다 come 오다 see 보다 eat 먹다 know 알다 read 읽다

4 명사를 예쁘게 꾸며주는 형용사 adjective

사람, 동물, 사물의 성질이나 상태를 나타내요. 문장에서 보어로 쓰이며 명사를 수식하고 부사의 수식을 받죠.

kind 친절한 small 작은 wise 현명한 many 많은 good 좋은 red 빨간 …

5 동작을 더욱 섬세하게 나타내는 부사 adverb

수식하는 어구나 문장의 뜻을 분명하게 나타내며 동사, 형용사, 다른 부사를 수식하거나 문장 전체를 수식해요.

very 매우 much 많이 here 여기에 early 일찍 beautifully 아름답게 …

6 명사보다 한 발 앞서나가는 전치사 preposition

문장 또는 다른 어구와 문법적 관계를 나타내며 명사나 대명사 앞에 놓여 다른 말과의 관계를 나타내요.

at ~에서 in ~안에 on ~위에 from ~로 부터 under ~아래에 …

7 말과 말을 서로 연결해 주는 접속사 conjunction

단어와 단어, 구와 구, 문장과 문장을 이어줘요.

and 그리고 but 그러나 or 또는 so 그래서
because 왜냐하면 …

8 내 감정을 표현하는 감탄사 interjection

기쁨, 슬픔, 화남, 놀라움 등의 감정을 나타내는 말로 감탄사 뒤에는 느낌표(!)를 붙여요.   oh 오오 ah 아아 hurrah 만세 bravo 브라보 …

 영어 8품사의 약어

명사 noun	*n* ⑲	부사 adverb	*ad* ㉙
대명사 pronoun	*pron* ㉐	전치사 preposition	*prep* ㉐
동사 verb	*v* ⑧	접속사 conjunction	*conj* ㉒
형용사 adjective	*a* ⑲	감탄사 interjection	*int* ㉑

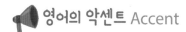 **영어의 악센트** Accent

악센트(**accent**)는 우리말로 강세라고 해요. 강세란 하나의 단어에서도 강하게 발음해야 하는 부분과 약하게 발음하는 부분이 있어요. 예를 들면 **lion**[láiən]에서 악센트는 [lá]에 있기 때문에 [라]를 강하게 발음해야 해요. 이처럼 영어 단어에는 악센트 부분이 있어요. 악센트가 어느 부분에 있는지는 발음기호를 보면 모음 위에 [´] 로 표시되어 있지요.

또한, 인토네이션(**intonation**)은 우리말로 억양이라고 하는데, 이것은 모든 언어에 있는 소리의 높낮이를 말해요. 영어는 인토네이션과 악센트가 어우러져서 우리말보다 훨씬 리듬감 있게 들리죠.

1 단어의 악센트는 모음에만 있어요.

father [fáːðər 파ː더ㄹ] 아버지   **baker** [béikər 베이커ㄹ] 제빵사

2 단어의 악센트는 발음기호에서 모음 위에 [´] 로 표시하며, 그 부분을 제일 강하게 발음하죠.

lion [láiən 라이언] 사자   **pilot** [páilət 파일럳] 조종사

3 단어에서 두 번째 악센트는 [`]로 표시하며, 첫 번째보다 덜 강하게 발음하며, 나머지는 평이하게 발음하면 되어요.

television [téləvìʒən 텔러비전] 텔레비전
playground [pléigràund 플레이그라운드] 운동장

4 모음이 하나인 단어에서는 악센트가 없습니다.

box [bɑks 박스] 상자   **cook** [kuk 쿡] 요리사   **tie** [tai 타이] 넥타이

5 영어의 장음은 [ː]로 표시하며 우리말 장음 표시도 [ː]로 해요.

jeans [dʒiːnz 진ː즈] 청바지   **movie** [múːvi 무ː비] 영화
dog [dɔːg 도ː그] 개

6 단어의 발음기호에서 이탤릭체 [*r*]은 우리말의 [ㄹ]음을 살짝 넣어서 발음하면 돼요.

hair [hɛər 헤어ㄹ] 머리카락   **bird** [bəːrd 버ː르드] 새

Start

Aa

a/an
[ə 어] / [ən 언] ⓐ 하나의

I need a pencil.
나는 연필 하나가 필요하다.

It is not an old car.
그것은 오래된 차가 아니다.

for **a** week
1주간

● a와 an

an은 **a, e, i, o, u** [아, 에, 이, 오, 우]로 발음되는 단어 앞에 사용해요. 나머지는 모두 **a**를 씁니다.
a dog[어 도그] , **a cat**[어 캣] / **an apple**[언 애플], **an elephant**[언 엘러펀트]

about
[əbáut 어바웃] ⓟ ~에 대하여

This book is about animals.
이 책은 동물에 대한 내용이다.

know **about** her
그녀에 대해 알다

above
[əbʌ́v 어버브] ⓟ ~의 위에 ⟷ **below** ~의 아래에 (▶연관 over)

Birds are flying above the trees.
새들이 나무 위를 날고 있다.

above and below
위아래로

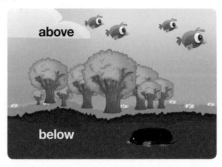

across
[əkrɔ́ːs 어크로스] 젠 튄 ~의 건너편에, ~을 가로질러

The supermarket is across the street.
슈퍼마켓은 길 건너편에 있다.

run **across** the street
거리를 가로질러 달리다

act acts / acted, acted, acting, acts
[ækt 액트] 똉 행위 됭 행하다

The boy acted like a baby.
그 소년은 아이처럼 행동했다.

an **act** of kindness
친절한 행동

add added, added, adding, adds
[æd 애드] 됭 더하다, 보태다

If you add 3 to 5, you get 8.
5에다 3을 더하면 8이 된다.

add milk to coffee
커피에 우유를 넣다

address addresses
[ədrés 어드레스] 똉 주소

I know her address.
나는 그녀의 주소를 안다.

e-mail **address**
전자 우편 주소

advice
[ədváis 어드바이스] 똉 충고, 조언

I want to give you some advice.
몇 마디 충고를 하겠다.

take **advice**
충고를 받아들이다

afraid

[əfréid 어프레이드] 혱 두려워하는

Don't be afraid.
두려워하지 마.

be **afraid** of snakes
뱀을 두려워하다

after

[ǽftər 애프터] 젠 뷔 ~후에, 다음에 ↔ **before** ~전에

July comes after June.
7월은 6월 다음에 온다.

the day **after**
그 다음 날

afternoon

[ǽftərnúːn 애프터눈] 몡 오후

It is a nice Sunday afternoon.
화창한 일요일 오후다.

on Monday **afternoon**
월요일 오후에

● 시간 구분

오전 **morning** / 오후 **afternoon** 12시 지난 후 대략 6시 정도까지 / 저녁 **evening** 6시~9시 무렵(잠 들기 전) / 밤 **night** 9시 이후
지금이 오전 11시면 어떻게 인사를 할까요? **Good morning**이라고 인사하면 무난하겠죠!

again

[əgén 어겐] 뷔 다시, 또

She is crying again.
그녀는 또 울고 있다.

once **again**
다시 한 번

age ages

[eidʒ 에이지] 몡 나이

She is your age.
그녀는 너와 나이가 같다.

at the **age** of ten
열 살 때에

ago
[əgóu 어고우] ⓤ 이전에

My birthday was two days ago.
내 생일은 이틀 전이었다.

fifty years **ago**
50년 전에

air
[ɛər 에어] ⓜ 공기

We can't live without air.
우리는 공기 없이 살 수 없다.

fresh **air**
신선한 공기

airport airports
[ɛ́ərpɔ̀ːrt 에어포어트] ⓜ 공항

The plane is in the airport.
비행기가 공항에 있다.

meet at the **airport**
공항에서 만나다

alarm alarms
[əlɑ́ːrm 얼라암] ⓜ 자명종, 알람

I set the alarm clock for 7 o'clock.
나는 알람을 7시에 맞췄다.

sound a fire **alarm**
화재경보를 울리다

album albums
[ǽlbəm 앨범] ⓜ 앨범

I bought a stamp album.
나는 우표 앨범을 샀다.

a photo **album**
사진첩

all

[ɔːl 올] 혱 모두의 떼 모든 것, 모두 (▶연관 every)

We are all six.
우리는 모두 여섯 명이다.

all boys
모든 소년들

● all과 every 비교

둘 다 '모두'라는 뜻이지만, **all** 뒤에는 단수명사, 복수명사 모두 올 수 있어요. 그러나 **every** 다음에는 단수명사만 올 수 있어요. **Every child needs love. / All children need love.**

alone

[əlóun 얼로운] 훈 혼자서

He came alone.
그는 혼자서 왔다.

stay home **alone**
혼자서 집을 보다

along

[əlɔ́ːŋ 얼롱] 젠 ~을 따라서 훈 앞으로, ~와 함께, 진척되어

They are running along the beach.
그들은 해변을 따라 뛰고 있다.

walk **along** the street
길을 따라 걷다

also

[ɔ́ːlsou 올쏘우] 훈 ~도, 역시

You must read this book also.
너는 이 책도 읽어야 한다.

but **also**
그러나 또한

always

[ɔ́ːlweiz 올웨이즈] (부) 항상

She is always late.
그녀는 항상 늦는다.

She always arrives at 9:20.
그녀는 항상 9시 20분에 도착한다.

always late
항상 지각하다

● 빈도부사의 종류와 위치

빈도부사는 횟수나 정도를 나타내는 부사예요.
always(항상), **usually**(보통), **sometimes**(때때로), **never**(결코 ~하지 않다)의 빈도부사는 문장에서 어디에 위치할까요? 일반동사일 때는 앞에 오고, **be**동사와 조동사가 있을 때는 뒤에 온답니다.

am

[æm 앰] (동) ~이다 <be의 1인칭 단수, 현재형> ↔ **am not**

I am a student.
나는 학생입니다.

while I **am** away
내가 없는 동안에

ambulance ambulances

[ǽmbjuləns 앰뷸런스] (명) 구급차

Hurry and call an ambulance!
서둘러서 구급차를 불러!

call an **ambulance**
구급차를 부르다

among

[əmʌ́ŋ 어멍] (전) ~사이에 (▶연관 between)

The red apple is among the green apples.
빨간 사과는 파란 사과 사이에 있다.

a house **among** the trees
나무들 사이의 집

among apples

between apples

and

[ænd 앤드] 〔접〕그리고 ↔ **but** 그러나

The car is old and dirty.
그 차는 오래되고 지저분하다.

stick-**and**-carrot
채찍과 당근

angry

[ǽŋgri 앵그리] 〔형〕화난

Andy is angry.
앤디는 화가 났다.

be **angry** with me
나에게 화가 나 있다

animal animals

[ǽnəməl 애너멀] 〔명〕동물

What's your favorite animal?
가장 좋아하는 동물은 무엇이니?

- I like monkey best. 난 원숭이가 제일 좋아.

a wild **animal**
야생 동물

another

[ənʌ́ðər 어너더] 〔대〕또 하나, 또 한 사람

Give me another.
하나 더 주세요.

another time
언제 다시 한번

● another와 other

대상이 둘일 때 **One is ~** 하나는 ~이고, **another is ~** 또 하나는 ~이다,
셋 이상일 때 **One is ~** 하나는 ~이고, **the others are ~** 나머지 모두는 ~이다

answer answers / answered, answered, answering, answers

[ǽnsər 앤써] 〔명〕대답 〔동〕대답하다

He answered.
그가 대답했어.

a perfect **answer**
완벽한 대답

ant <small>ants</small>
[ænt 앤트] 몡 개미

The boy is looking at an ant.
소년이 개미를 보고 있다.

worker **ant**
일개미

any
[éni 에니] 혱 어떤, 아무런

Bill doesn't have any questions.
빌은 아무런 질문도 없어.

any people
어떤 사람

● any와 some

some은 긍정문 any는 의문문, 부정문, 조건문(**if**, **unless**)에 쓰는 것이 일반적인 원칙이에요.
Do you have any plans today? 오늘 어떤 계획 있어?
Yes, I have some plans. 응, 좀 있어. / **No**, I don't have any plans. 아니 전혀 없어.
물론 예외도 있겠죠.
some이 의문문에 쓰일 때도 있는데 권유나 부탁을 할 때 써요.
Would you like some coffee? 커피 좀 드실래요?
any가 긍정문에 쓰일 때도 있는데 '어떤 ~라도' '모든 ~'의 뜻이 돼요.
I like any Korean food. 나는 어떤 한국 음식이라도 좋아해.

apartment <small>apartments</small>
[əpá:ʐtmənt 어파아트먼트] 몡 아파트(아파트의 한 가구)

My apartment is on the fifth floor.
내 아파트는 5층에 있다.

a new **apartment**
새 아파트

apple <small>apples</small>
[ǽpl 애플] 몡 사과

This is a delicious apple.
이건 맛있는 사과야.

choose an **apple**
사과를 고르다

April
[éiprəl 에이프럴] 몡 4월

April is the fourth month of the year.
4월은 일 년 중 네 번째 달이다.

on April 1st
4 월 1일에

are
[ɑːr 아아] 통 be의 복수형 및 2인칭 단수, 현재형 ↔ **aren't**

Are you able to imitate a chimpanzee?
너 침팬지 흉내 낼 수 있어?

Are you OK?
너 괜찮니?

area areas
[ɛəriə 에어리어] 몡 지역, 범위

Is there a school in this area?
이 지역에 학교가 있습니까?

a play area
놀이 지역

arm arms
[ɑːrm 아암] 몡 팔

His arm is long.
그의 팔은 길다.

make a long arm
팔을 쭉 뻗다

around
[əráund 어라운드] 閉 주위에 전 대략~, ~쯤, 사방에

Bees are flying around the flowers.
벌들이 꽃 주변을 날고 있다.

set around the fire
불 주위에 둘러앉다

She started around three o'clock.
그녀는 3시쯤 출발했다.

ÁÍÍ

A

● around와 round

두 단어는 여러 가지 뜻이 있는데 '~주위에'라는 뜻으로 쓰일 때는 의미에 큰 차이가 별로 없어요. 단 미국에서는 **around**를 영국에서는 **round**를 더 많이 쓰는 편입니다.

arrive arrived, arrived, arriving, arrives

[əráiv 어라이브] 동 도착하다 ↔ **start** 출발하다

He always arrives first.
그는 항상 첫 번째로 도착해요.

arrive at a school
학교에 도착하다

artist artists

[áːrtist 아아티스트] 명 예술가, 화가

An artist draws pictures well.
화가는 그림을 잘 그린다.

a world-famous **artist**
세계적으로 유명한 화가

as

[æz 애즈] 전 ~처럼, ~로서 부 ~만큼 ~한

You can do as much as her.
너도 그녀만큼이나 할 수 있다.

as a friend
친구로서

ask asked, asked, asking, asks

[æsk 애스크] 동 묻다

Can I ask you a question?
뭐 물어봐도 돼?

ask about me
나에 관해 묻다

at

[æt 앳] 전 ~에

She is at the front door.
그녀는 현관에 있다.

arrive **at** the station
정거장에 도착하다

29

He aimed at the target.
그는 과녁을 겨냥했다.

Look at me.
날 봐.

● 전치사 at

at은 대상을 '콕 집어서' 말할 때 써요.
at Dondaemoon 동대문에(상대적으로 좁은 장소), **laught at me** '콕 집어서' 나를 비웃음, **be good at cooking** 잘 하는 게 '요리'라고 콕 집음.
at 100 degrees 연속된 숫자 중 '콕 집어서' 100도(온도와 속도를 나타낼 때도 at을 써요)

August
[ɔ́ːgəst 오거스트] 몡 8월

Does the second semester start in August in Korea?
한국에서는 2학기가 8월에 시작되니?

the month of **August**
8월달

aunt aunts
[ænt 앤트] 몡 아주머니, 이모, 고모 ↔ **uncle** 삼촌, 아저씨

This is my aunt.
이 분은 제 이모예요.

his **aunt**
그의 고모

autumn
[ɔ́ːtəm 오텀] 몡 가을 = **fall**

Leaves fall in autumn.
가을에는 낙엽이 진다.

a **autumn** day
어느 가을날

awake

[əwéik 어웨익] 형 깨어 있는, 자지 않고 ↔ **asleep** 잠든

The baby was already awake.
그 아기는 벌써 깨어 있었다.

awake or asleep
자나깨나

away

[əwéi 어웨이] 부 (~로부터) 떨어져

He lives two blocks away from here.
그는 여기서 두 블록 떨어진 곳에 산다.

a ship far **away**
멀리 떨어진 배

● away, out, off

away, **out**, **off** 모두 어디로부터 '떨어져 나간다'는 뜻이에요.
away는 주로 물체, 사람과 함께 많이 쓰여요.
_**keep away from me.** 나한테서 떨어져.
out은 주로 공간에 많이 쓰여요. **out**은 **in**의 반대이지요.
_**Keep out my room.** 내 방에서 나가.
off는 물체나 장소 주로 평면적인 것에 많이 쓰여요. **off**는 **on**의 반대예요:
_**Keep off the grass.** 잔디에서 떨어져.

keep away

Keep out

Keep off

Bb

baby babies
[béibi 베이비] 명 아기

Jim is my baby.
짐은 제 아기예요.

a smile at a **baby**
아기에게 미소 짓다

back
[bæk 백] 명 등, 뒤쪽 형 뒤의 부 뒤로 ↔ **front** 앞

He scratched his back.
그는 등을 긁었다.

back and forth
앞뒤로

bad
[bæd 배드] 형 나쁜 ↔ **good** 좋은

He is a bad monster.
그는 나쁜 괴물이에요.

bad news
나쁜 소식

bag bags
[bæg 백] 명 가방

The dog is in the bag.
개가 가방 안에 있다.

put into a **bag**
가방에 넣다

bakery bakeries
[béikəri 베이커리] 명 빵집, 제과점

I buy bread in that bakery.
나는 저 제과점에서 빵을 산다.

at a **bakery**
빵집에서

ball balls
[bɔːl 볼] 몡 공

That is my new ball.
저건 나의 새 공이에요.

throw a **ball**
공을 던지다

balloon balloons
[bəlúːn 벌룬] 몡 풍선

Andy's balloon is long.
앤디의 풍선은 길다.

blow up a **balloon**
풍선을 불다

banana bananas
[bənǽnə 버내너] 몡 바나나

This banana is short.
이 바나나는 짧아.

a bunch of **bananas**
바나나 한 송이

band bands
[bænd 밴드] 몡 끈, 밴드, 악단

I want to join the band.
나는 밴드에 가입하고 싶다.

listen to the **band** playing
악단이 연주하는 것을 듣다

bank banks
[bæŋk 뱅크] 몡 은행

The bank is closed today.
오늘은 은행이 문을 닫았어요.

work at a **bank**
은행에서 일하다

base

[beis 베이스] 똉 기초

The base of a building is cement.
건물의 토대는 시멘트이다.

a solid **base**
탄탄한 기초

baseball baseballs

[béisbɔ̀:l 베이스볼] 똉 야구, 야구공

Baseball is a very interesting sport.
야구는 아주 흥미 있는 스포츠다.

Place baseballs in a large box.
야구공들을 큰 박스에 담아라.

play a **baseball** game
야구 시합을 하다

basket baskets

[bǽskit 배스킷] 똉 바구니

The basket is empty.
바구니가 비어 있다.

carry a **basket**
바구니를 나르다

basketball

[bǽskitbɔ̀:l 배스킷볼] 똉 농구

You're on the basketball team, right?
너 농구부지? 그렇지?

play street **basketball**
길거리 농구를 하다

bath

[bæθ 배쓰] 똉 목욕

Bill needs a bath.
빌은 목욕할 필요가 있다.

take a **bath** everyday
매일 목욕하다

be

[bi 비] 동 ~이다, 있다

He'll be waiting for us. 그가 우리를 기다리고 있을 거야.　　**be on guard** 보초 서고 있다

● be 동사 정리

be동사(~이다, 있다, 존재하다)는 영어에서 가장 많이 쓰이는 동사로 **am·are·is**가 이에 속합니다.

	주 어	be동사	(보어)	의 미
1 인칭	I	am	~	나는 ~입니다.
2 인칭	You	are	~	당신은 ~입니다.
3 인칭	He She It	is	~	그는 ~입니다. 그녀는 ~입니다. 그것은 ~입니다.

beach

[biːtʃ 비치] 명 해변, 바닷가

They went to the beach.

그들은 바닷가에 갔다.

play on the **beach**

해변에서 놀다

bean beans

[biːn 빈] 명 콩

I don't eat black beans.

나는 검정콩을 먹지 않는다.

coffee **bean** 커피콩

bear bears

[bɛər 베어] 명 곰

The bear is very small. 곰이 매우 작다.

a black **bear** 흑곰

beautiful

[bjúːtəfəl 뷰터펄] 형 아름다운 ↔ **ugly** 추한

Snow White is beautiful.

백설공주는 아름다워요.

a **beautiful** girl

아름다운 소녀

because

[bikɔ́:z 비코즈] 囵 때문에

I didn't go outside because it was raining.
비가 와서 밖에 나가지 않았다.

because it rained
비가 왔기 때문에

become became, become, becoming, becomes

[bikʌ́m 비컴] 동 ~이 되다

I want to become a doctor.
나는 의사가 되고 싶다.

become a teacher
선생님이 되다

bed beds

[bed 베드] 몡 침대

The coat is on the bed.
코트가 침대 위에 있다.

sleep on a **bed**
침대에서 자다

before

[bifɔ́:r 비포어] 젠 튄 전에 <시간> ↔ **after** 뒤에

Wash your hands before lunch.
점심 먹기 전에 손을 씻어라.

before sunrise
해가 뜨기 전에

begin began, begun, beginning, begins

[bigín 비긴] 동 시작하다

School begins at 9 a.m.
학교는 오전 9시에 시작한다.

begin a test
테스트를 시작하다

behind

[biháind 비하인드] 전 부 ~의 뒤에 ↔ **before** ~의 앞에

The boy is behind the tree.
소년이 나무 뒤에 있다.

hide **behind** the door
문 뒤에 숨다

bell bells

[bel 벨] 명 종, 벨

The bell is ringing.
종이 울리고 있다.

ring a **bell**
종이 울리다

below

[bilóu 빌로우] 전 부 ~의 아래에 ↔ **above** ~의 위에 (▶참조 over)

See below.
아래를 보세요.

fall **below** zero
0도 이하로 떨어지다

belt belts

[belt 벨트] 명 띠, 벨트

Could you please fasten your seat belt?
안전벨트를 매주시겠습니까?

tighten a **belt**
벨트를 조이다

bench benches

[bentʃ 벤치] 명 긴 의자, 벤치

The boy is sitting on the bench.
소년이 벤치에 앉아 있다.

a **bench** in the park
공원의 벤치

beside

[bisáid 비싸이드] 전 부 ~의 옆에 (▶연관 by)

Ally is beside the desk.
앨리는 책상 옆에 있다.

sit down **beside** me
내 옆에 앉다

best

[best 베스트] 형 가장 좋은 부 <**well**의 최상급> 가장 잘, 제일

He is the best runner.
그는 가장 빨리 달리는 사람이다.

best friend
가장 친한 친구

the best runner   a better runner   a good runner

better

[bétər 베터] 형 보다 나은 부 더 잘, 보다 낫게

I like sausage better than broccoli.
나는 브로콜리보다 소시지가 좋다.

be **better** than this
이보다 낫다

You'd better stay home.
너는 집에 있는 편이 낫겠다.

between
[bitwíːn 비트윈] 전 부 ~의 사이에 (▶연관 among)

The cat is between the dogs.
고양이가 개들 사이에 있다.

a secret **between** you and me
너와 나 사이의 비밀

bicycle bicycles
[báisikl 바이씨클] 명 자전거 = **bike**

Riding a bicycle is my hobby.
자전거 타기는 내 취미이다.

go by **bicycle**
자전거로 가다

big
[big 빅] 형 큰 ↔ **little** 작은

This is a big fish.
이건 커다란 물고기네.

a **big** boy
(몸집이) 큰 소년

a big fish

a bigger fish

the biggest fish

bird birds
[bəːrd 버어드] 명 새

A bird is flying above the tree.
새가 나무 위를 날고 있다.

a **bird**'s nest
새둥지

● be + ~ing 현재진행형

be + **~ing**의 형태를 현재진행형이라고 해요.
I go to school. 나는 학교에 다닌다. → 나는 학생이다.
I am going to school. 나는 학교에 가고 있는 중이다. → 현재 특별히 진행되고 있는 일이에요.
내가 학생인지 아닌지는 아직 몰라요.

birthday
[bɔ́ːrθdèi 버어쓰데이] 명 생일

Happy birthday, Jane! 생일 축하해, 제인!
How old are you? 넌 몇 살이야?
- I'm twelve years old. 12살이야.
When is your birthday? 네 생일은 언제야?
- My birthday is May 5. 5월 5일이야.

my fifteenth **birthday**
나의 15번째 생일

birthday present 생일선물

birthday cake 생일케이크

candle 양초

black
[blæk 블랙] 명 검정 형 검정색의

She has black hair.
그녀의 머리카락은 검다.

black smoke
검은 연기

blackboard blackboards
[blǽkbɔ̀ːrd 블랙보어드] 명 칠판

I copied everything on the blackboard.
나는 칠판에 적혀진 것을 모조리 베껴 썼다.

to write on the
blackboard
칠판에 글을 쓰다

blow blew, blown, blowing, blows
[blou 블로우] 동 불다

Suddenly the wind blows.
갑자기 바람이 분다.

blow hard
세게 불다

Blow your nose. 코를 풀어라.
She is blowing up the ballon.
그녀는 풍선을 불고 있다.

blue
[blu: 블루] 똉 파랑 똉 파란색의

The sky is blue.
하늘이 파랗다.

a **blue** ocean
푸른 바다

board boards
[bɔːrd 보어드] 똉 판자, 게시판

They are looking at the board.
그들은 게시판을 보고 있다.

electronic **board**
전자칠판

boat boats
[bout 보우트] 똉 배

There is a boat on the lake.
호수 위에 배 한 척이 있다.

get in a **boat**
배를 타다

● there is ~ / there are ~

'~가 있다'라고 할 때 가장 일반적으로 쓰이는 표현은 **There is** ~, **There are** ~.입니다.
주어가 단수일 때 **There is** ~, 복수일 때 **There are** ~.를 씁니다.
There is a vase on the table. 탁자 위에 꽃병이 하나 있습니다.
There are two vases on the table. 탁자 위에 꽃병이 두 개 있습니다.

body bodies
[bádi 바디] 똉 몸

Wash your body.
몸을 씻어라.

in **body** and mind
몸과 마음으로

book books
[buk 북] 똉 책

Ally is reading a book.
앨리는 책을 읽고 있다.

read a **book**
책을 읽다

bookstore bookstores
[búkstɔ̀:r 북스토어] 명 서점, 책방 = **bookshop**

There is a bookstore near my house.
우리집 근처에 서점이 하나 있다.

an online **bookstore**
온라인 서점

born
[bɔːrn 보온] 동 <be born으로> 태어나다

A baby was born yesterday.
아기가 어제 태어났다.

be **born** twins
쌍둥이로 태어나다

both
[bouθ 보우쓰] 형 양쪽의, 둘 다 부 <both ~and로> 둘 다, 양쪽 다

Both of them like swimming.
그들은 둘 다 수영하기를 좋아한다.

open **both** hands
양손을 벌리다

He ate both his pie and my pie.
그는 그의 파이도 내 파이도 모두 먹었다.

bottle bottles
[bátl 바틀] 명 병

These bottles are empty.
이 병들은 비었다.

a **bottle** of milk
우유 한 병

bow bowed, bowed, bowing, bows
[bau 바우] 동 절하다, 머리를 숙이다

They bowed to the king.
그들은 왕에게 절을 하였다.

Attention! **Bow!**
차렷! 선생님께 경례!

bowl bowls

[boul 보울] 영 그릇, 공기

Put eggs in a bowl. 그릇에 달걀을 넣어라.

a **bowl** of rice 밥 한 공기

box boxes

[bɑks 박스] 영 상자

There is a dragon in the box.
상자 안에 용이 있다.

a light **box**
가벼운 상자

● 전치사

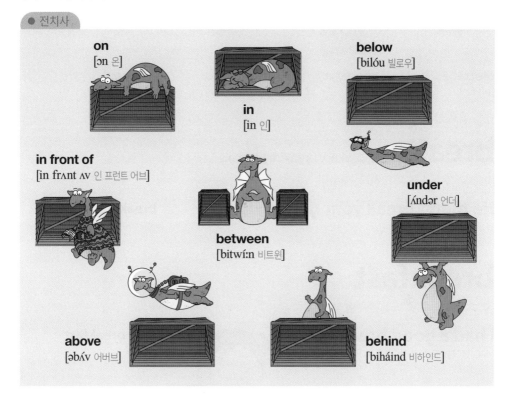

boy boys

[bɔi 보이] 영 소년 ↔ **girl** 소녀

The boy is watching TV.
소년은 TV를 보고 있다.

a **boy** student
남학생

bread

[bred 브레드] 몡 빵

Mom is baking the bread.
엄마가 빵을 굽고 계신다.

corn **bread**
옥수수빵

a loaf / slice / piece of bread
빵 한 덩이 / 쪽 / 조각

pretzel 프레첼
[prétsəl 프레츨]

baguette 바게트
[bægét 배겟]

bun 번빵
[bʌn 번]

croissant 크루아상
[krwɑsá:nt 크르와산트]

break broke, broken, breaking, breaks

[breik 브레익] 동 깨뜨리다, 부수다

He didn't break your glass.
그는 네 유리를 깨지 않았다.

break a cup
컵을 깨뜨리다

breakfast

[brékfəst 브렉퍼스트] 몡 아침식사

I had a good breakfast.
나는 아침을 맛있게 먹었다.

after **breakfast**
아침식사 후

milk 우유
[milk 밀크]

egg 달걀
[eg 에그]

toast 토스트
[toust 토우스트]

sausage 소시지
[sɔ́:sidʒ 쏘씨지]

bridge bridges
[bridʒ 브리지] 몡 다리

Cross the bridge.
다리를 건너시오.

go across a **bridge**
다리를 건너다

bright
[brait 브라이트] 혱 밝은 ↔ **dark** 어두운

The moon is bright tonight.
오늘 밤 달이 밝다.

a **bright** star
빛나는 별

bring brought, brought, brings
[briŋ 브링] 툉 가져오다, 데려오다

Bring me a cup of tea.
차 한 잔만 갖다 줘.

bring umbrella
우산을 가져오다

I brought my cat to school.
나는 학교에 고양이를 데려갔다.

brother brothers
[brʌðər 브러더] 몡 남자 형제, 형, 남동생 ↔ **sister** 여자 형제

a blood **brother**
피를 나눈 형제

How many brothers do you have?
형제가 몇 명이에요?

**- I have three brothers,
  one older and two younger.**
세 명이요. 한 명은 형이고, 둘은 동생이에요.

brown

[braun 브라운] 명 갈색 형 갈색의

Her hair is brown.
그녀의 머리는 갈색이다.

dark **brown** color
진한 갈색

brush brushed, brushed, brushing, brushes

[brʌʃ 브러쉬] 명 붓, 빗 동 붓질[빗질]하다

A dog is being brushed.
개를 빗질해주고 있다.

paint with a **brush**
붓으로 페인트를 칠하다

bug bugs

[bʌg 버그] 명 곤충, 벌레

There is a bug in my coke!
콜라에 벌레가 들어 있어요!

lightning **bug**
반딧불이

build built, built, building, builds

[bild 빌드] 동 짓다, 건축하다

Henry builds a dog house.
헨리는 개집을 짓는다.

build a house
집을 짓다

burn burned, burned, burning, burns

[bəːrn 버언] 동 불타다

The steaks were burned.
스테이크가 다 타버렸다.

burn paper
종이를 태우다

bus buses
[bʌs 버스] 몧 버스

They are getting on the bus.
그들은 버스를 타고 있다.

They are getting off the bus.
그들은 버스에서 내리고 있다.

a **bus** stop
버스 정류장

bus driver 버스 운전기사
[bʌs dráivər 버스 드라이버]

passenger 승객
[pǽsəndʒər 패선저]

busy
[bízi 비지] 몧 바쁜 ↔ **free** 한가한

I am busy now.
나는 지금 바쁘다.

a **busy** day
바쁜 하루

but
[bʌt 벗] 몧 그러나

I'd like to go, but I can't.
가고 싶은데, 안 돼.

Execuse me, but what time is it?
실례지만, 지금 몇 시예요?

a cheap **but** good camera
싸지만 좋은 카메라

butter
[bʌ́tər 버터] 명 버터

Spread butter on the bread.
빵에 버터를 바르세요.

peanut **butter**
땅콩 버터

button buttons
[bʌ́tn 버튼] 명 단추, 버튼

She sewed a button on a coat.
그녀는 코트에 단추를 달았다.

press a **button**
버튼을 누르다

Push the button.
버튼을 누르세요.

buy bought, bought, buying, buys
[bai 바이] 동 사다 ↔ **sell** 팔다

I want to buy a melon.
멜론을 사고 싶다.

buy a book
책을 사다

by
[bai 바이] 전 부 ~의 옆에

Ally is by the fence.
앨리는 담장 옆에 있다.

stand **by** the gate
문 옆에 서다

bye
[bai 바이] 감 안녕 <헤어질 때의 인사>

Good bye. See you tomorrow.
안녕, 내일 만나자.

say good-**bye**
작별하다

Cc

cake cakes
[keik 케이크] 몡 케이크

Jenny is making a cake.
제니는 케이크를 만들고 있다.

a birthday **cake**
생일 케이크

calendar calendars
[kǽlindər 캘린더] 몡 달력

Andy is hanging up a calendar.
앤디는 달력을 걸고 있다.

hang a **calendar**
달력을 걸다

Sunday [sʌ́ndei 썬데이] 일요일

Monday [mʌ́ndei 먼데이] 월요일

Tuesday [tjúːzdei 튜즈데이] 화요일

Wednesday [wénzdei 웬즈데이] 수요일

Thursday [θə́ːrzdei 써어즈데이] 목요일

Friday [fráidei 프라이데이] 금요일

Saturday [sǽtəːrdei 쌔터어데이] 토요일

month 달, 월
[mʌnθ 먼쓰]

year 연, 해
[jiəːr 이어]

call called, called, calling, calls
[kɔːl 콜] 동 부르다, 전화하다

He gave me a call.
그가 나에게 전화했다.

call a name
이름을 부르다

Mother is calling me.
엄마가 나를 부르신다.

camera cameras
[kǽmərə 캐머러] 명 사진기, 카메라

The camera is on the bed.
카메라가 침대 위에 있다.

an old **camera**
오래된 사진기

shutter 셔터
[ʃʌ́tər 셔터]

lens 렌즈
[lenz 렌즈]

photo 사진
[fóutou 포우토우]

camp camps
[kæmp 캠프] 명 캠프장, 야영지

There is a camp near the forest.
숲 가까이에 캠프장이 있다.

a ski-**camp**
스키 캠프장

camper 야영객
[kǽmpər 캠퍼]

map 지도
[mæp 맵]

lamp 램프
[læmp 램프]

tent 텐트
[tent 텐트]

backpack 백팩
[bǽkpæk 백팩]

sleeping bag 침낭
[slíːpiŋ bæg 슬리핑 백]

can cans / could
[kæn 캔] 몡 깡통, 캔 죠 ~할 수 있다

He began opening a can of tuna.
그가 참치 통조림 하나를 따기 시작했다.

an empty can
빈 깡통

I can speak English. 난 영어를 할 줄 알아요.

candle candles
[kǽndl 캔들] 몡 양초

We need three candles.
우리는 양초 세 개가 필요해요.

light a candle
초에 불을 켜다

candy candies
[kǽndi 캔디] 몡 사탕, 캔디

Bill loves this candy.
빌은 이 사탕을 너무 좋아한다.

a box of candy
캔디 한 통

chocolate 초콜릿
[tʃɔ́:klit 초클릿]

lollipop 롤리팝
[lálipàp 랄리팝]

gum 껌
[gʌm 검]

cookie 쿠키
[kúki 쿠키]

cap caps
[kæp 캡] 몡 (야구)모자

How much is this cap?
이 모자 얼마예요?

a baseball cap
야구모자

● cap과 hat 비교

hat은 중절모자(테 있는 모자) 미국 **gang** 영화에 나오는 모자로
영화 대부 같은 데서 마피아들이 많이 쓰고 나왔죠.
반면 **cap**은 주로 운동모자로 야구선수들이 쓰는 종류의 모자입니다.

capital capitals

[kǽpitl 캐피틀] 명 수도, 대문자 형 주요한

Seoul is the capital of Korea.
서울은 한국의 수도이다.

Write it in capital letters. 그것을 대문자로 써라.

a **capital** city
수도

captain captains

[kǽptin 캡틴] 명 우두머리, 주장

She is the captain of the team.
그녀는 그 팀의 주장이다.

the **captain** of our team
우리팀 주장

car cars

[kɑːr 카아] 명 자동차

The car is nice.
그 차는 멋있다.

a sleeping **car**
침대차

engine 엔진
[éndʒin 엔진]

trunk 트렁크
[trʌŋk 트렁크]

wiper
[wáipər 와이퍼]

wheel 바퀴
[hwiːl 휠]

card cards

[kɑːrd 카아드] 명 카드

She sent a birthday card.
그녀는 생일 카드를 보냈다.

student **card**
학생증

I and my brother palyed cards.
나와 동생은 카드를 가지고 놀았다.

care cared, cared, caring, cares

[kɛər 케어] 몡 걱정, 주의, 돌봄 롱 보살피다, 상관하다

Take care of yourself.
몸 조심해.

the **care** of a baby
아기를 돌보다

I don't care. 난 상관없어.

careful

[kéərfəl 케어펄] 혱 주의 깊은, 조심스러운 ↔ **careless** 부주의한

Be careful.
조심해.

a **careful** choice
신중한 선택

carry carried, carried, carrying, carries

[kǽri 캐리] 됭 운반하다

He always carries a camera.
그는 항상 카메라를 갖고 다닌다.

carry a box
상자를 나르다

She is carring my book.
그녀가 내 책을 옮기고 있다.

cart carts

[kɑːrt 카아트] 몡 손수레, 카트

The woman is pushing the cart.
여자가 카트를 밀고 있다.

a shopping **cart**
쇼핑카트

case cases
[keis 케이스] 몡 상자, 경우

This is a jewel case.
이것은 보석 상자예요.

This is rare case.
이것은 드문 경우다.

in this **case**
이 경우에는

cassette cassettes
[kəsét 커셋] 몡 카세트

I have a cassette recorder.
나는 카세트 녹음기가 있다.

a blank **cassette** tape
빈 카세트 테이프

castle castles
[kǽsl 캐슬] 몡 성, 성채

The castle stands on the hill.
성은 언덕 위에 서 있다.

open a **castle** gate
성문을 열다

cat cats
[kæt 캣] 몡 고양이

There are a cat and two kittens.
고양이와 새끼 고양이 두 마리가 있다.

bell the **cat**
고양이 목에 방울을 달다

kitten 새끼고양이
[kítn 키튼]

catch caught, caught, catching, catches
[kætʃ 캐치] 통 잡다

I caught a cold.
나는 감기에 걸렸다.

catch the ball
공을 잡다

cave caves
[keiv 케이브] 몡 굴, 동굴

There is a treasure in the cave.
동굴 안에는 보물이 있다.

the mouth of the **cave**
동굴의 입구

ceiling
[síːliŋ 씰링] 몡 천장 ↔ **floor** 바닥

This room has a low ceiling.
이 방은 천장이 낮다.

a fly on the **ceiling**
천장의 파리

center
[séntər 쎈터] 몡 중앙, 센터

The vase is in the center of the table.
그 꽃병은 테이블 중앙에 있다.

the **center** of a city
도시의 중심

chair chairs
[tʃɛər 체어] 몡 의자

The dog is on the chair.
개가 의자 위에 있다.

have a **chair**
의자에 앉다

sofa 소파
[sóufə 소우퍼]

stool 스툴
[stuːl 스툴]

bench 벤치
[bentʃ 벤치]

armchair 안락의자
[áːrmtʃéər 아암체어]

wheelchair 휠체어
[hwíːltʃɛər 휠체어]

highchair 높은 의자
[háitʃɛər 하이체어]

chalk chalks
[tʃɔːk 초크] 몡 분필

I need a piece of chalk.
분필 한 개가 필요하다.

a white **chalk**
하얀 분필

chance chances
[tʃæns 챈스] 몡 기회

I will give you one more chance.
한 번 더 기회를 줄게.

a good **chance**
좋은 기회

change changed, changed, changing, changes / changes
[tʃeindʒ 체인지] 몡 바꾸다 몡 잔돈

Change your clothes.
옷 갈아 입어.

change the rules
규칙을 바꾸다

Keep your change.
잔돈 가지세요.

cheap
[tʃiːp 칩] 몡 (값이) 싼 ↔ **expensive** 비싼

This note is cheap.
이 공책은 싸다.

a **cheap** dress
싼 옷

cheese
[tʃiːz 치즈] 몡 치즈

There is a slice of cheese.
치즈 한 조각이 있다.

bread and **cheese**
치즈를 곁들인 빵

chicken chickens
[tʃíkin 치킨] 명 닭

How much is the chicken?
치킨은 얼마입니까?

a roast **chicken**
통닭구이

child children
[tʃaild 차일드] 명 어린이

I'm looking for a child.
나는 아이를 찾고 있다.

a little **child**
어린 아이

chocolate chocolates
[tʃɔ́:klit 초클릿] 명 초콜릿

Who doesn't like chocolate?
초콜릿 싫어하는 사람도 있어?

a bar of **chocolate**
초콜릿 바

choose chose, chosen, choosing, chooses
[tʃuːz 추즈] 동 뽑다, 고르다

I don't know what to choose.
무엇을 골라야 할지 모르겠다.

choose between two things
둘 중 하나를 고르다

chopstick chopsticks
[tʃápstìk 찹스틱] 명 젓가락

I usually use chopsticks.
나는 대개 젓가락을 사용한다.

pick up with **chopsticks**
젓가락으로 집어 들다

church churches
[tʃə:rtʃ 처어치] 몡 교회

I go to church with my family.
나는 가족들과 교회에 가.

go to **church**
교회에 가다

circle circles
[sə́:rkl 써어클] 몡 원

Draw a circle.
원을 그리시오.

sit in a **circle**
빙 둘러앉다

city cities
[síti 씨티] 몡 도시

Is that city your hometown?
그 도시가 고향이세요?

a big **city**
큰 도시

class classes
[klæs 클래스] 몡 교실, 수업

I was late for a class.
나는 수업에 지각을 했다.

a English **class**
영어 수업

classmate classmates
[klǽsmèit 클래스메이트] 몡 반 친구, 급우

He's my classmate.
그는 나의 동급생이다.

classmates in elementary **school** 초등학교 반 친구

classroom classrooms
[klǽsrù:m 클래스룸] 명 교실

My classroom is on the third floor.
우리 교실은 3층에 있다.

a noisy **classroom**
시끌벅적한 교실

clean cleaned, cleaned, cleaning, cleans
[kli:n 클린] 형 깨끗한 ↔ **dirty** 더러운 동 청소하다

Keep your room clean.
방을 깨끗이 해.

clean a room
방을 깨끗이 하다

broom 빗자루
[bru:m 브룸]

dustpan 쓰레받기
[dʌ́stpæn 더스트팬]

climb climbed, climbed, climbing, climbs
[klaim 클라임] 동 오르다

Monkeys climb well.
원숭이는 나무에 잘 오른다.

climb a mountain
산을 오르다

clock clocks
[klɑk 클락] 명 시계

The clock has stopped.
시계가 멈췄다.

an alarm **clock**
자명종 시계

watch 손목시계
[wɑtʃ 와치]

second hand 초침
[sékənd hǽnd 세컨드 핸드]

hour hand 시침
[áuər hǽnd 아워 핸드]

alarm clock 알람시계
[əlá:rm klɑk 얼라암 클락]

minute hand 분침
[mínit hǽnd 미닛 핸드]

close closed, closed, closing, closes

[klouz 클로우즈] 동 닫다 ↔ **open** 열다

Close the door, please.
문을 닫아 주세요.

Close your book, please.
책을 덮어 주세요.

Close your eyes, please.
눈을 감아 주세요.

close the zipper
지퍼를 채우다

clothes

[klouðz 클로우드즈] 명 옷

He is putting on his clothes.
그는 옷을 입고 있다.

He is taking off his clothes.
그는 옷을 벗고 있다.

Put on your clothes now.
지금 옷을 입어라.

I'll put clothes on your back.
네 뒤에 옷 놓을게.

put on **clothes**
옷을 입다

● clothes와 clothing

clothing과 clothes는 둘다 옷이라는 뜻이에요.
clothing은 clothes보다 더 격식차린 단어이고, 특히 '특정한 종류의 옷'을 가리킬 때 씁니다.
ex) warm clothing 따뜻한 옷, **protective clothing** 방호복
clothes나 clothing은 단수형이 없어요. 따라서 드레스나 셔츠 같은 옷 한 벌을 가리키려면
a piece / an item / an article of clothing이라고 해야 합니다.

cloud clouds

[klaud 클라우드] 명 구름

The cloud hid the sun.
구름이 태양을 가렸다.

a white **cloud**
하얀 구름

club clubs

[klʌb 클럽] 명 동아리, 모임

I joined the tennis club.
나는 테니스 클럽에 가입했다.

join a **club**
모임에 입회하다

coat coats

[kout 코우트] 명 외투, 코트

He is wearing a black coat.
그는 검정 코트를 입고 있다.

a warm **coat**
따뜻한 코트

coffee

[kɔ́ːfi 코피] 명 커피

Please, a cup of coffee.
커피 한 잔 주세요.

a cup of **coffee**
커피 한 잔

coin coins

[kɔin 코인] 명 동전

What is your hobby? 네 취미가 뭐야?

- My hobby is to collect coins.
내 취미는 동전 모으기야.

coin changer
동전 교환기

cold

[kould 코울드] 형 추운, 찬 ↔ **hot** 더운, 뜨거운 명 감기

It's cold!
차가워요!

I caught a cold.
감기에 걸렸어요.

a **cold** drink
차가운 음료

color colors
[kʌ́lər 컬러] 몡 색

What color do you like? 무슨 색을 좋아해?
- I like blue. 파란색을 좋아해.

a dark **color** 어두운 색

comb combed, combed, combing, combs
[koum 코움] 몡 빗 통 빗질하다

Do you have a comb?
너 머리 빗 있어?

comb one's hair
머리를 빗다

come came, come, comes
[kʌm 컴] 통 오다 ↔ **go** 가다

Come here. 여기로 와.
Come on. 서둘러.
How come? 왜?

come to see me
나를 만나러 오다

comic
[kámik 카믹] 혱 희극의; 만화의

The comic book was very funny.
그 만화책이 매우 재미있었다.

a **comic** actor
희극 배우

computer computers
[kəmpjúːtər 컴퓨터] 몡 컴퓨터

He is playing a computer game.
그는 컴퓨터 게임을 하고 있다.

a **computer** game
컴퓨터 게임

printer 프린터
[príntər 프린터]

keyboard 키보드
[kiːbɔːrd 키보어드]

monitor 모니터
[mánitər 마니터]

mouse 마우스
[maus 마우스]

concert concerts

[kánsəːrt 칸써어트] 몡 음악회, 연주회, 콘서트

The concert will be held next Sunday.
음악회는 다음 일요일에 열린다.

a **concert** ticket
콘서트 입장권

contest contests

[kántest 칸테스트] 몡 경쟁, 경기, 콘테스트

I'm in a speech contest tomorrow.
내일 스피치 콘테스트에 나가요.

a cooking **contest**
요리 경연 대회

cook cooks / cooked, cooked, cooking, cooks

[kuk 쿡] 몡 요리사 통 요리하다

Andy is a cook.
앤디는 요리사예요.

a head **cook**
주방장

cut 자르다
[kʌt 컷]

boil 끓이다
[bɔil 보일]

roll 밀대로 밀다
[roul 로울]

stir 젓다
[stəːr 스터어]

cookie

[kúki 쿠키] 몡 쿠키

Who bit into the cookie like this?
누가 이 쿠키를 이렇게 베어 먹었니?

a homemade **cookie**
손수 집에서 만든 쿠키

cool

[ku:l 쿨] 혤 시원한

It's getting cool. 선선해지고 있다.

cool water 시원한 물

copy copied, copied, copying, copies

[kápi 카피] 명 사본 동 베끼다

Copy this page.

이 페이지를 베껴라.

copy the book

책을 베끼다

corner corners

[kɔ́ːrnər 코어너] 명 모서리, 모퉁이, 코너

Turn right at the corner.

모퉁이에서 오른쪽으로 도세요.

building on the **corner**

모퉁이의 빌딩

could

[kud 쿠드] 조 ❶ <can의 과거> ~할 수 있었다 ↔ **couldn't**
　　　　　　 ❷ <정중한 부탁> ~해 주시겠습니까?

I could not stay any longer.

나는 그 이상 더 머물러 있을 수가 없었다.

Could you tell me the way to the post office?

우체국으로 가는 길을 가르쳐 주시겠습니까?

I couldn't answer his question.

그의 질문에 대답할 수 없었다.

count counted, counted, counting, counts

[kaunt 카운트] 동 세다, 계산하다

Let's count from one to ten.

1부터 10까지 세어 보자.

count to seven

7까지 세다

counter counters
[káuntər 카운터] 똉 계산대, 카운터

It's right over there on that counter.
바로 저쪽 카운터에 있습니다.

pay over the **counter**
카운터에 지불하다

country countries
[kʌ́ntri 컨트리] 똉 지역, 나라, 시골

Russia is a big country.
러시아는 큰 나라이다.

live in the **country**
시골에서 살다

couple
[kʌ́pl 커플] 똉 한 쌍, 둘

A couple is sitting on a bench.
커플이 벤치에 앉아 있다.

a young **couple**
젊은 부부

course courses
[kɔːrs 코어스] 똉 진로, 과정

I plan to take a computer course.
컴퓨터 과정을 받을 계획이야.

change the **course**
진로를 바꾸다

Could you take a picture?
사진 좀 찍어주실래요?

- Of course, I do. 물론이죠.

cousin cousins

[kʌ́zn 커즌] 몡 사촌

This is my cousin.
이 분은 제 사촌이에요.

a distant **cousin**
먼 친척벌 사촌

cover coverd, covered, covering, covers

[kʌ́vər 커버] 동 덮다

Cover the child with a blanket.
아이에게 담요를 덮어 주어라.

cover a chair
의자에 커버를 씌우다

cow cows

[kau 카우] 몡 젖소, 암소

The cow jumps over the fence.
젖소가 울타리를 뛰어넘는다.

milk **cow**
젖소

bull 황소
[bul 불]

calf 송아지
[kæf 캐프]

crayon crayons

[kréiən 크레이언] 몡 크레용

Ally draws with crayons.
앨리는 크레용으로 그림을 그린다.

draw with **crayons**
크레용으로 그리다

cream

[kriːm 크림] 몡 크림

I like cream color.
나는 크림색을 좋아한다.

chocolate **creams**
초콜릿 크림

cross crosses /crossed, crossed, crossing, crosses
[krɔːs 크로스] 명 십자가 동 가로지르다

He made the sign of the cross.
그는 십자 표시를 했다.

He is crossing the street.
그는 길을 가로지르고 있다.

cross the street
길을 가로지르다

crown
[kraun 크라운] 명 왕관

This crown is made of gold.
이 왕관은 금으로 만들었어요.

take off a **crown**
왕관을 벗다

cry cried, cried, crying, cries
[krai 크라이] 동 울다

The baby began to cry.
그 아기가 울기 시작했다.

cry for joy
기뻐서 울다

Jane, why are you crying? 제인, 왜 울고 있어?
- Because I lost my toy. 제 장난감을 잃어버렸어요.

cup cups
[kʌp 컵] 명 잔, 컵

There is a cup of tea on the table.
테이블 위에 차 한 잔이 있다.

a paper **cup**
종이컵

curry

[ká:ri 커리] 몡 카레(요리)

This curry and rice is very tasty.
이 카레라이스는 아주 맛있어.

a chicken **curry**
닭고기 카레

curtain curtains

[kə́:rtn 커어튼] 몡 커튼

Bill is opening the curtains.
빌은 커튼을 열고 있다.

a shower **curtain**
욕실 커튼

cut cut, cut, cutting, cuts

[kʌt 컷] 됭 베다, 자르다

I had my hair cut.
머리카락을 잘랐다.

cut the tape
테이프를 끊다(육상 경기)

cute

[kju:t 큐트] 혱 귀여운

How cute! How old are you?
귀여워라! 몇 살이니?

a **cute** little baby
귀여운 어린 아기

Dd

dad dads
[dæd 대드] 몡 아빠, 아버지 = **daddy, father** ↔ **mom** 엄마

This man is Jenny's dad.
이 남자는 제니의 아빠예요.

mom and **dad**
엄마와 아빠

dance danced, danced, dancing, dances
[dæns 댄스] 툉 춤추다

Bill likes to dance.
빌은 춤추는 걸 좋아해요.

dance to the music
음악에 맞춰 춤추다

danger
[déindʒər 데인저] 몡 위험 ↔ **safety** 안전 혱 위험한

He is a danger.
그는 위험인물이다.

a lot of **danger**
많은 위험

dark
[dɑːrk 다아크] 혱 어두운 ↔ **bright** 밝은

It is already dark.
날이 벌써 어두워졌다.

a **dark** night
어두운 밤

date dates
[deit 데이트] 몡 날짜

What date is it today? 오늘은 며칠이니?
- It's March 7. 3월 7일이요.

fix the **date**
날짜를 정하다

daughter daughters
[dɔ́:tər 도터] 몡 딸 ↔ **son** 아들

She is Mr. Brown's daughter.
그녀는 브라운 씨의 딸입니다.

an only **daughter**
외동딸

day days
[dei 데이] 몡 낮, 하루 ↔ **night** 밤

Have a nice day.
좋은 하루되세요.

a rainy **day**
비오는 날

What day was it yesterday?
어제는 무슨 요일이었지?

- It was Tuesday. 화요일이었어.

daytime
[déitàim 데이타임] 몡 혱 주간(의) ↔ **nighttime** 밤, 야간

The room is dark even in the daytime.
그 방은 낮에도 어둡다.

in the **daytime**
낮 동안에

dead
[ded 데드] 혱 죽은 ↔ **alive** 살아있는

He was found dead.
그는 죽어 있었다.

play **dead**
죽은 체하다

dear
[díər 디어] 혱 사랑스러운, 친애하는

To my dear Sumi.
사랑스러운 수미에게.

a **dear** child
귀여운 아이

December
[disémbər 디쎔버] 몡 12월

Christmas comes on December 25.
크리스마스는 12월 25일이다.

on the night of
December first
12월의 첫날밤에

deep
[di:p 딥] 혱 깊은 ↔ **shallow** 얕은

The sea is very deep.
바다는 굉장히 깊다.

deep in the forest
깊은 숲 속에

deer deers
[diər 디어] 몡 사슴

The deer is in the forest.
사슴이 숲속에 있다.

a herd of **deer**
사슴 한 무리

desk desks
[desk 데스크] 몡 책상

The cat is under the desk.
고양이가 책상 아래 있다.

study at a **desk**
책상에서 공부하다

drawer 서랍
[drɔːr 드로어]

table 탁자
[téibl 데이블]

desk 책상
[desk 데스크]

chair 의자
[tʃɛər 체어]

dial dials
[dáiəl 다이얼] 몡 글자판, 다이얼

Turn the dial of the radio.
라디오의 다이얼을 돌려라.

turn a **dial**
다이얼을 돌리다

diary diaries
[dáiəri 다이어리] 몡 일기

I keep a diary everyday.
나는 매일 일기를 쓴다.

write a **diary**
일기를 쓰다

dictionary dictionaries
[díkʃənèri 딕셔네리] 몡 사전

The dictionary is very good.
그 사전은 매우 좋다.

an English-Korean
dictionary 영한사전

did

[did 디드] 图 do의 과거, 했다 ↔ **didn't**

Yahoo, we did it! 야호, 우리가 해냈어!

> **Who drawed this picture?** 이 그림 누가 그렸니?
> **- I did.** 제가 그렸어요.
> **Did you meet Bill yesterday?** 어제 빌을 만났니?
> **- No, I didn't.** 아니오, 안 만났어요.

die died, died, dying, dies

[dai 다이] 图 죽다

Man must die. 인간은 반드시 죽는다.

die young 젊어서 죽다

different

[dífərənt 디퍼런트] 휑 다른, 딴 ↔ **same** 같은

A tiger is different from a lion.
호랑이는 사자와 다르다.

see **different** things
다른 것들을 보다

difficult

[dífikʌlt 디피컬트] 휑 곤란한, 힘든, 어려운 ↔ **easy** 쉬운

I solved the difficult problems.
나는 어려운 문제들을 풀었다.

be **difficult** to understand
이해하기 어렵다

dinner

[dínər 디너] 몡 (하루 중 주된) 식사, 저녁식사

Dinner is ready.
식사 준비가 되었다.

invite to **dinner**
저녁식사에 초대하다

beer 맥주
[biər 비어]

spaghetti 스파게티
[spəgeti 스퍼게티]

roast beef 쇠고기 구이
[roust bi:f 로우스트 비프]

wine 포도주
[wain 와인]

sushi 초밥
[suːʃi: 수쉬]

steak 스테이크
[steik 스테익]

salad 샐러드
[sæləd 샐러드]

dirty

[dɔ́ːrti 더어티] 혱 더러운 ↔ **clean** 깨끗한

The dog is dirty.
개가 지저분하다.

a **dirty** face
더러운 얼굴

discover

[diskʌ́vər 디스커버] 동 발견하다, 알게 되다

Columbus discovered America.
콜럼버스는 아메리카를 발견하였다.

discover a talent
영재를 발굴하다

dish dishes

[diʃ 디쉬] 몡 (깊은) 접시, 큰 접시

I am washing the dishes.
나는 설거지를 하고 있다.

a **dish** of meat
고기 한 접시

fork 포크
[fɔːrk 포어크]

knife 나이프
[naif 나이프]

dish 접시
[diʃ 디쉬]

plate (납작한) 접시
[pleit 플레이트]

spoon 스푼
[spuːn 스푼]

bowl 공기
[boul 보울]

side plate 곁접시
[said pleit 사이드 플레이트]

do did, done, doing, does

[duː 두] 동 하다 ↔ **don't**

Bill didn't do his homework yesterday.
빌은 어제 숙제를 안 했다.

Do your best. 최선을 다해라.

What are you doing? 뭐 하고 있니?
- I'm talking. 얘기하고 있어.

do one's homework
숙제를 하다

doctor doctors

[dáktər 닥터] 명 의사 ↔ **patient** 환자

My dad is a doctor.
우리 아빠는 의사예요.

become a **doctor**
의사가 되다

does

[dʌz 더즈] 동 do의 3인칭 단수, 현재형 ↔ doesn't

Everyone does it.
다들 그렇게 해요.

easy **does** it
살살 해라

His answer does not apply to the test question.
그의 대답은 그 시험 문제에 적절하지 않다.

> **Does your mother like cats?**
> 엄마는 고양이를 좋아하시니?
>
> **- Yes, she does.** 네, 좋아해요.
>
> **Does he speak English?**
> 그는 영어를 말할 줄 아니?
>
> **- No, he doesn't.** 아니, 못 해.

dog dogs

[dɔːg 도그] 명 개

A baby dog is called a puppy.
새끼 개는 '강아지'라고 불린다.

a clever **dog**
영리한 개

puppy 강아지
[pʌ́pi 퍼피]

doll dolls

[dɔl 돌] 명 인형

Ally is playing with a new doll.
앨리는 새 인형을 갖고 놀고 있어요.

buy a **doll**
인형을 사다

dollar dollars

[dάlər 달러] 명 달러

It is ten dollars.
10달러입니다.

spend one hundred **dollars**
100달러를 쓰다

dolphin dolphins
[dɔ́lfin 돌핀] 몡 돌고래

I like dolphins.
나는 돌고래를 좋아해요.

a bright **dolphin**
영리한 돌고래

door doors
[dɔːr 도어] 몡 문

Knock on the door.
문을 두드리세요.

Push the door.
문을 미세요.

lock a **door**
문을 잠그다

down
[daun 다운] 뫼 아래로 ↔ **up** 위로

Don't look down.
아래를 내려다보지 말아요.

Sit down please. 앉아 주세요.

go **down** a hill
언덕을 내려가다

drama dramas
[drɑ́ːmə 드라머] 몡 극, 연극

Why don't you join the drama group?
연극반에 드는 게 어때?

play in a **drama**
연극을 하다

draw drew, drawn, drawing, draws
[drɔː 드로] 동 그리다, 당기다

Draw the curtains.
커튼을 쳐라.

Let's draw the dog.
개를 그려 보자.

draw the curtain
커튼을 치다

dream dreamed, dreamed, dreaming, dreams

[dri:m 드림] 몡 꿈 통 꿈꾸다

His dream came true.
그의 꿈이 실현되었다.

I had a bad dream.
나는 악몽을 꾸었다.

a wonderful **dream**
멋진 꿈

dress dressed, dressed, dressing, dresses

[dres 드레스] 몡 의복, 드레스 통 옷을 입히다

This dress is nice.
이 드레스는 멋있어.

a white **dress**
흰색 드레스

drink drank, drunk, drinking, drinks

[driŋk 드링크] 통 마시다

She drank too much water.
그녀는 물을 너무 많이 마셨어요.

I want something to drink. 마실 것을 원해요.
Drink lots of water. 물을 많이 마셔라.

drink a cup of coke
콜라를 한 잔 마시다

drive drove, driven, driving, drives

[draiv 드라이브] 통 운전하다 몡 드라이브, 자동차 여행

My mother drove me to school.
엄마가 학교에 차로 태워 주셨다.

They enjoyed a drive. 그들은 드라이브를 즐겼다.

drive a car
자동차를 운전하다

ride a bike 자전거를 타다

take a bus 버스를 타다

drive a car 차를 운전하다

drop drops / dropped, dropped, dropping, drops
[drɑp 드랍] 몡 (물)방울 통 떨어뜨리다

I dropped my wallet somewhere.
나는 어디선가 지갑을 떨어뜨렸다.

a **drop** of water
물 한 방울

drum drums
[drʌm 드럼] 몡 북, 드럼

He is playing a drum.
그는 북을 치고 있다.

beat a **drum**
북을 치다

dry dried, dried, drying, dries
[drai 드라이] 혱 건조한 통 말리다 ↔ **wet** 젖은

My hands are dry now.
이제 손이 다 말랐어요.

dry wood
마른 나무

duck ducks
[dʌk 덕] 몡 오리

This duck is cute.
이 오리는 귀엽다.

ducks quack
오리가 꽥꽥 울다

duckling 오리새끼
[dʌkliŋ 더클링]

Ee

each
[íːtʃ 이치] (대) 각자, 각각

He gave two pencils to each of them.
그는 그들 각자에게 연필 두 자루씩을 주었다.

Look at each other.
서로 바라봐.

hit **each** other
맞부딪다

ear ears
[iə*r* 이어] (명) 귀

Rabbits have big ears.
토끼는 귀가 크다.

pick one's **ears**
귀를 후비다

early
[ə́ː*r*li 어얼리] (형) 이른 (부) 일찍 ↔ **late** 늦은

I get up early.
나는 일찍 일어난다.

go to bed **early**
일찍 자다

earth
[əː*r*θ 어어쓰] (명) 지구, 땅

The earth is round.
지구는 둥글다.

live on the **earth**
지구에 살다

earthworm 지렁이
[əː*r*θwə̀ː*r*m 어쓰웜]

east

[iːst 이스트] 명 동쪽 형 동쪽의

The sun rises in the east.
해는 동쪽에서 뜬다.

east of the city
도시의 동쪽

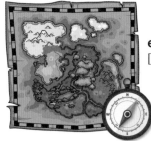

north [nɔːrθ 노어쓰] 북쪽

west
[west 웨스트] 서쪽

east
[iːst 이스트] 동쪽

south [sauθ 싸우쓰] 남쪽

easy

[íːzi 이지] 형 쉬운 ↔ **difficult** 어려운

The work is easy. 그 일은 쉽다.

an **easy** book 쉬운 책

eat ate, eaten, eating, eats

[iːt 이트] 동 먹다

I ate a hambuger for lunch.
점심으로 햄버거를 먹었다.

eat breakfast
아침을 먹다

What do you want to eat for lunch?
점심으로 뭐 먹고 싶어?

- I want to eat some hambugers.
햄버거 먹고 싶어.

FRENCH FRIES

egg eggs
[eg 에그] 똉 달걀

This is a fresh egg.
이것은 신선한 달걀이다.

boil an **egg**
계란을 삶다

How do you like your eggs?
달걀은 어떻게 해드릴까요?

- Sunny-side up, please. 반숙으로 해주세요.

boiled egg
삶은 달걀

scrambled egg
스크램블드 에그,
풀어 익힌 달걀

sunny-side up
한쪽만 익힌, 반숙

eight
[eit 에잇] 똉 8, 여덟

How much is eight minus eight?
8 빼기 8은 얼마입니까?

eight o'clock
여덟 시

eighth 8번째
[eitθ 에잇쓰]

eighteen 18
[éití:n 에이틴]

eighty 80
[éiti 에이티]

HAPPY ANNIVERSARY

elevator elevators
[éləvèitər 엘러베이터] 똉 엘리베이터, 승강기 <영국> **lift**

Is this elevator going up?
이 엘리베이터 올라갑니까?

take an **elevator**
엘리베이터를 타다

eleven
[ilévən 일레븐] 몡 11, 열 하나

I'm eleven years old. 나는 11살이다.

an **eleven**-year-old girl
열한 살짜리 소녀

empty emptied, emptied, emptying, empties
[émpti 엠프티] 혱빈 툉비우다

The basket was empty.
그 바구니는 비어 있었다.

an **empty** box
빈 상자

end ended, ended, ending, ends
[end 엔드] 몡끝 툉끝나다; 끝내다

The end of the movie was fine.
영화의 결말은 괜찮았다.

the **end** of the story
이야기의 끝

energy
[énərdʒi 에너지] 몡정력, 활기, 에너지

He is full of energy.
그는 활력이 넘쳐흐른다.

develop clean **energy**
청정에너지를 개발하다

engine engines
[éndʒin 엔진] 몡기관, 엔진

The engine died.
엔진이 멈췄다.

a steam **engine**
증기 기관

enjoy
enjoyed, enjoyed, enjoying, enjoys

[indʒɔ́i 엔조이] ⑧ 즐기다

He enjoyed swimming yesterday.
그는 어제 수영을 즐겼다.

I enjoyed playing tennis during the holiday.
나는 휴가기간 동안 테니스를 즐겼다.

Enjoy yourself! 재미있게 지내!
Enjoy your lunch. 점심 맛있게 먹어.

enjoy a game
게임을 즐기다

enough

[inʌ́f 이너프] ⑱ 충분한 ⑭ 충분히

Take enough vitamin C.
비타민 C를 충분히 섭취하세요.

enough food
충분한 음식

enter
entered, entered, entering, enters

[éntər 엔터] ⑧ 들어가다, 입학하다

We entered the house through the front door.
우리는 정문을 통해 그 집에 들어갔다.

enter the classroom
교실에 들어가다

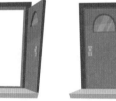

entrance 입구
[entrəns 엔트런스]

erase
erased, erased, erasing, erases

[iréiz 이레이즈] ⑧ 지우다

I erased my picture.
나는 내 그림을 지웠다.

erase pencil marks
연필 표시를 지우다

eraser 지우개
[iréizər 이레이저]

even
[í:vən 이븐] 🔹 ~조차, ~마저

Even a child can do it.
어린아이조차도 그것을 할 수 있다.

even in summer
여름에도

evening
[í:vniŋ 이브닝] 🔹 저녁

Good evening.
안녕하세요. <저녁인사>

early in the **evening**
저녁 일찍

event events
[ivént 이벤트] 🔹 생긴 일, 사건

The Olympics are a great event.
올림픽 대회는 큰 행사이다.

a big **event**
중대한 사건

every
[évri 에브리] 🔹 모든, 모두의

Every morning the sun rises.
매일 아침 해가 떠오른다.

once **every** two years
2년마다 한 번씩

She goes to church every Sunday.
그녀는 매주 일요일에 교회에 간다.

example
[igzǽmpl 이그잼플] 🔹 예, 보기

Here is an example.
여기에 보기가 하나 있다.

show an **example**
예를 보이다

excellent

[éksələnt 엑설런트] 형 우수한, 아주 좋은

He is an excellent musician.
그는 뛰어난 음악가이다.

You can all pass? Excellent!
너희 다 합격할 수 있다고? 정말 잘됐다!

Good job. 잘했어.

Well done. 잘했어.

an **excellent** meal
훌륭한 식사

Terrific. 아주 좋아.

excite excited, excited, exciting, excites

[iksáit 익사이트] 동 흥분시키다

It was an exciting game.
흥미진진한 경기였다.

excite oneself
흥분하다

● exciting와 excited

It was so exciting. 그것은 정말 흥미로웠어. **I was so excited**. 나는 정말 흥분되었어.
주어가 다르지요. **exciting**는 무엇이 흥미있게 만든 것이고, **excited**는 내가 흥분이 된 것이예요.
Something exctiing is making you feel excited. 어떤 **exciting** 한 것은 너를 **excited**
하게 만든다. 이렇게 외워두세요.

excuse excused, excused, excusing, excuses

[ikskjú:z 익스큐즈] 명 변명, 구실 동 용서하다

That's no excuse.
그건 변명거리가 안 돼요.

a perfect **excuse**
완벽한 변명

Execuse me,
but can you take a picture?
실례지만, 사진 좀 찍어주실래요?

- **Sure.** 물론이죠.

exercise exercised, exercised, exercising, exercises
[éksərsàiz 엑써싸이즈] 몡 운동, 연습 통 운동하다

Jogging is a good exercise.
조깅은 좋은 운동이다.

hard **exercise**
힘든 연습

eye eyes
[ai 아이] 몡 눈

Close one of your eyes.
한쪽 눈을 감아.

sharp **eyes**
예리한 눈

eyebrow 눈썹
[áibràu 아이브라우]

pupil 눈동자
[pjú:pl 퓨플]

eyelash 속눈썹
[ailæʃ 아일래쉬]

face

[feis 페이스] 몡 얼굴

My face dimples with a smile.
내 얼굴은 웃을 때 보조개가 생긴다.

a round face
둥근 얼굴

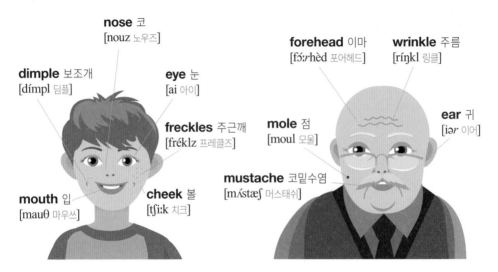

nose 코
[nouz 노우즈]

dimple 보조개
[dímpl 딤플]

eye 눈
[ai 아이]

freckles 주근깨
[fréklz 프레클즈]

mouth 입
[mauθ 마우쓰]

cheek 볼
[tʃiːk 치크]

forehead 이마
[fɔ́ːrhèd 포어헤드]

wrinkle 주름
[ríŋkl 링클]

mole 점
[moul 모울]

ear 귀
[iər 이어]

mustache 코밑수염
[mʌ́stæʃ 머스태쉬]

fact facts

[fækt 팩트] 몡 사실

That's the fact.
그건 사실이야.

tell the fact
사실을 말하다

fair

[fɛər 페어] 혱 공정한 ↔ **unfair** 불공정한

That sounds like a fair deal.
공평한 것 같군.

a fair manner
공정한 태도

fall fell, fallen, falling, falls
[fɔːl 폴] 동 떨어지다 명 가을 = **autumn**

Leaves are falling.
나뭇잎이 떨어지고 있다.

fall to the ground
땅에 떨어지다

Bill fell down the stairs. 빌은 계단에서 떨어졌다.

family families
[fǽməli 패멀리] 명 가족

That is my family.
저 사람들은 나의 가족이에요.

a **family** of five
5인 가족

famous
[féiməs 페이머스] 형 유명한

He is a famous actor.
그는 유명한 배우이다.

famous pictures
유명한 그림

far
[fɑːr 파아] 부 멀리 ↔ **near** 가까이

He lives far from here.
그 사람은 여기서 멀리 떨어져 산다.

not **far** from here
여기서 멀지 않다

farm farms
[fɑːrm 파암] 명 농장

He works on the farm.
그는 농장에서 일한다.

a fruit **farm**
과수원

fast
[fæst 패스트] 형 빠른 부 빨리 ↔ **slow** 느린

That car is fast.
저 차는 빨라.

run very **fast**
매우 빨리 달리다

fat
[fæt 팻] 형 살찐 ↔ **thin** 마른

The boy is fat.
소년은 뚱뚱하다.

a **fat** pig
살찐 돼지

father
[fɑ́ːðər 파더] 명 아버지 ↔ **mother** 엄마

My father is a policeman.
우리 아버지는 경찰이야.

father's love
아버지의 사랑

February

[fébuèri 페부에리] 명 2월

February is the shortest month of the year.
2월은 1년 중 가장 짧은 달이다.

It's February seventh. 2월 7일이야.

next **February**
내년 2월

feel felt, felt, feeling, feels

[fi:l 필] 동 느끼다

I felt sorry for her. 그녀에게 미안하다고 느꼈다.

How do you feel now? 지금 기분 어때?
- I feel happy. 행복해.

feel a pain 통증을 느끼다

fence

[fens 펜스] 명 울타리, 담

The fence stands in front of a plant.
울타리가 식물 앞에 서 있다.

jump over a **fence**
울타리를 뛰어넘다

gate [geit 게이트]

fence [fens 펜스]

few

[fju: 퓨] 형 거의 없는 ↔ **many** 많은

There are a few apples in the basket.
바구니 안에 사과가 몇 개 있다.

a **few** apples
적은 사과

field fields

[fi:ld 필드] 명 들판, 경기장

The farmer works in the field.
농부가 들에서 일한다.

play in the green **field**
풀밭에서 놀다

field trip 현장학습

field day 야외운동회

rice field 논

fight fought, fought, fighting, fights

[fait 파이트] 명 싸움 동 싸우다 = **quarrel**

The fight is not over yet.
아직 싸움은 끝나지 않았다.

fight the enemy
적과 싸우다

fill filled, filled, filling, fills

[fil 필] 동 채우다

Fill the glass with water.
유리잔에 물을 채우세요.

Fill in the blanks.
빈 칸을 채우시오.

fill a glass
잔을 채우다

film films

[film 필름] 명 영화, 필름

We saw a film about dogs.
우리는 개에 관한 영화를 봤다.

a color **film**
컬러 필름

find found, found, finding, finds
[faind 파인드] 〈동〉 찾다

I found my book.
나는 내 책을 찾았다.

find the note
공책을 찾다

fine
[fain 파인] 〈형〉 좋은, 훌륭한

That's fine.
좋습니다.

a **fine** view
좋은 경치

finger fingers
[fíŋgər 핑거] 〈명〉 손가락

My fingers are very long.
내 손가락은 매우 길다.

a short **finger**
짧은 손가락

middle finger 가운데 손가락
[mídl fíŋgər 미들 핑거]

ring finger 약손가락
[riŋ fíŋgər 링 핑거]

forefinger 집게손가락
[fɔ́ːrfíŋgər 포어핑거]

little finger 새끼손가락
[lítl fíŋgər 리틀 핑거]

thumb 엄지손가락
[θʌm 썸]

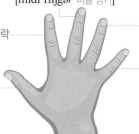

finish finished, finished, finishing, finishes
[fíniʃ 피니쉬] 〈동〉 끝내다

finish one's daily work
하루 일과를 마치다

Have you finished your homework?
숙제 끝냈니?

- Almost. 거의 끝났어요.

fire
[faiər 파이어] 명 불

A fire broke out.
불이 났다.

light a **fire**
불을 피우다

fire station 소방서

fire engine 소방차

fire fighter 소방수

first
[fəːrst 퍼어스트] 형 첫(번)째의, 최초의 ↔ last 최후의

January is the first month of the year.
1월은 한 해의 첫째 달입니다.

the **first** term
제1학기

fish fish
[fiʃ 피쉬] 명 물고기

Some fish can fly.
어떤 물고기들은 날 수 있다.

catch a **fish**
물고기를 잡다

flying fish 날치
[fláiiŋ fiʃ 플라잉 피쉬]

five
[faiv 파이브] 명 5, 다섯

Did you eat five candies already?
아니 벌써 사탕을 다섯 개나 먹었어?

after **five** days
5일 뒤에

fifth 5번째
[fifθ 피프쓰]

fifteen 15
[fíftíːn 피프틴]

fifty 50
[fífti 피프티]

fix fixed, fixed, fixing, fixes
[fiks 픽스] 통 고치다, 고정시키다

My dad is going to fix my chair.
아빠가 내 의자를 고쳐 줄 거야.

fix a clock to the wall
벽에 시계를 걸다

flag flags
[flæg 플래그] 명 기, 깃발

Taegeukgi is our national flag.
태극기는 우리 국기이다.

put up a **flag**
깃발을 걸다

floor
[flɔːr 플로어] 명 바닥 ↔ **ceiling** 천장, (건물의) 층

The classroom is on the second floor.
교실은 2층에 있다.

sweep a **floor**
바닥을 쓸다

The forks are on the floor. 포크가 바닥에 있다.

flower flowers
[fláuər 플라워] 명 꽃

The flower died at night.
그 꽃은 밤새 시들어버렸다.

a **flower** garden
화원

fly flies / flew, flown, flying, flies
[flai 플라이] 몡 파리 동 날다

Children flew kites high in the sky.
아이들은 하늘 높이 연을 날렸다.

catch a **fly**
파리를 잡다

follow followed, followed, following, follows
[fálou 팔로우] 동 ~의 뒤를 따르다

Follow me!
날 따라와!

follow the man
그 남자를 따라가다

food
[fuːd 푸드] 몡 음식

Kimchi is a Korean traditional food.
김치는 한국 전통 음식이다.

delicious **food**
맛있는 음식

fool fools
[fuːl 풀] 몡 바보

He is not a fool.
그는 바보가 아니다.

a stupid **fool**
어리석은 바보

foot feet
[fut 풋] 몡 발

A foot has five toes.
발에는 발가락 5개가 있어요.

step on **foot**
발을 밟다

football
[fútbɔ̀ːl 풋볼] 몡 풋볼; 미식축구

The football player kicked the ball.
풋볼선수가 공을 찼다.

a **football** game
풋볼 시합

for

[fɔːr 포어] 전 ~을 위하여, ~을 향해, ~ 동안

I will stay here for a week.
난 여기 1주일 동안 머무를 거야.

This is a present for you.
이것은 너를 위한 선물이야.

start **for** London
런던을 향해 출발하다

forest

[fɔ́ːrist 포리스트] 명 숲, 삼림

There are many birds in the forest.
그 숲에는 많은 새들이 있다.

the life of a **forest**
숲속의 생물

forget forgot, forgotten, forgetting, forgets

[fərgét 퍼겟] 동 잊다

I forgot my homework.
나는 내 숙제를 잊어버렸다.

Don't forget me.
나를 잊지 마.

forget a name
이름을 잊어버리다

fork forks

[fɔːrk 포어크] 명 포크

He bent the fork.
그는 포크를 구부렸다.

eat with a **fork**
포크로 먹다

four

[fɔːr 포어] 몡 4, 넷

Repeat these four steps three times.
이 4단계를 3번 반복하세요.

get up at **four**
네 시에 일어나다

fourth 4번째
[fɔːrθ 포어쓰]

fourteen 14
[fɔ́ːrtíːn 포어틴]

forty 40
[fɔ́ːrti 포어티]

fox foxes

[fɑks 팍스] 몡 여우

The dogs brought the fox to bay.
개들이 여우를 궁지로 몰아넣었다.

go **fox**-hunting
여우 사냥하다

free

[friː 프리] 휑 자유로운, 무료의 ↔ **busy** 바쁜

I'm free today.
난 오늘 한가해.

free time
자유 시간

free ticket 무료 티켓
[friː tíkit 프리 티킷]

fresh

[freʃ 프레쉬] 휑 새로운, 신선한

Fresh air is good.
신선한 공기는 좋다.

a **fresh** vegetable
신선한 야채

Friday

[fráidei 프라이데이] 명 금요일

Friday is the sixth day of the week.
금요일은 주의 6번째 요일이다.

between Monday and
Friday
월요일과 금요일 사이에

friend friends

[frend 프렌드] 명 친구

You're a good friend.
너는 정말 좋은 친구야.

a **friend** of mine
나의 친구

from

[frʌm 프럼] 전 ~로부터, ~에서

This is a letter from my friend.
이것은 내 친구에게서 온 편지다.

from A to B
A에서 B까지

Where are you from? 어디서 왔어요?

- I'm from Korea. 저는 한국에서 왔어요.

front

[frʌnt 프런트] 명 앞, 정면 ↔ **rear, back** 뒤, 후방

Billy sits in front of the building.
빌리는 그 건물 앞에 앉아 있다.

the **front** of a house
집의 정면

fruit

[fruːt 프루트] 명 과일

I'd like some fruit juice.
과일 주스로 주세요.

grow **fruit**
과일을 재배하다

full

[ful 풀] 형 가득찬 ↔ **hungry** 배고픈, **empty** 빈

The box is full of toys.
그 상자는 장난감으로 가득하다.
I'm full. 배불러요.

a **full** bus
만원 버스

fun

[fʌn 펀] 명 즐거움 형 재미있는

Have fun! 재미있게 놀아라!

great **fun** 커다란 재미

funny

[fʌ́ni 퍼니] 형 우스운, 재미있는

This is a funny story.
이것은 재미있는 이야기이다.

a **funny** joke
우스꽝스런 농담

Gg

game games
[geim 게임] 몡 놀이, 경기

We finally won the game.
우리는 마침내 그 경기를 이겼다.

the tennis **game**
테니스 경기

garden gardens
[gá:rdn 가아든] 몡 정원

Flowers beautify a garden.
꽃은 정원을 아름답게 한다.

plant a **garden**
정원에 나무를 심다

vegetable garden 채소밭
[védʒtəbl gá:rdn 베쥐터블 가아든]

gas
[gæs 개스] 몡 가스, 기체

We are looking for a gas station.
우리는 주유소를 찾고 있다.

light the **gas**
가스에 불을 붙이다

I can smell gas. 가스 냄새가 난다.

gate gates
[geit 게이트] 몡 대문

The gate is shut.
대문이 닫혀 있다.

open a **gate**
대문을 열다

gentle
[ʤéntl 젠틀] ⑱ 점잖은, 상냥한

She speaks in a gentle tone.
그녀는 상냥한 어조로 말한다.

a **gentle** heart
상냥한 마음

get got, got, getting, gets
[get 겟] ⑧ 얻다

Where did you get the book?
어디서 그 책을 얻었니?

- In the library. 도서관에서.

Can you get me a new smartphone for birthday?
내 생일에 나에게 새 스마트폰 줄 수 있어요?

- I got it. 알았다.

get first prize
1등상을 받다

get on the bus
버스를 타다

get off the bus
버스에서 내리다

get up at seven
7시에 일어나다

ghost ghosts
[goust 고우스트] ⑲ 유령, 귀신

Do you believe in ghosts?
너는 귀신을[귀신이 있다고] 믿니?

a **ghost** story
유령 이야기

giant giants
[ʤáiənt 자이언트] 몡 거인

He is a 2-meter-tall giant.
그는 키가 2미터나 되는 거인이다.

giant **panda**
자이언트 판다

gift gifts
[gíft 기프트] 몡 선물

This watch is a gift from my grandma.
이 시계는 할머니께서 주신 선물이야.

a **gift** shop
선물가게

girl girls
[gəːrl 거얼] 몡 소녀 ↔ **boy** 소년

The girl is drawing with crayons.
소녀가 크레용으로 그림을 그리고 있다.

a **girls**' school
여학교

give gave, given, giving, gives
[giv 기브] 동 주다

He gave her present.
그는 그녀에게 선물을 줬다.

give **her a watch**
그녀에게 시계를 주다

Give me that.
그것 좀 줘.

glad
[glæd 글래드] 혱 기쁜

I am glad to see you.
너를 만나서 기쁘다.

be **glad** to meet her
그녀를 만나서 기쁘다

glass glasses
[glæs 글래스] 혱 유리, 컵

He drank a glass of milk.
그는 우유 한 잔을 마셨다.

a **glass** of water
물 한 컵

glasses
[glæsiz 글래씨즈] 혱 안경

He wears glasses.
그는 안경을 꼈다.

take off **glasses**
안경을 벗다

glove gloves
[glʌv 글러브] 혱 장갑

I lost my gloves.
나는 내 장갑을 잃어버렸다.

Put on the gloves.
장갑을 껴라.

put on **gloves**
장갑을 끼다

a pair of gloves
장갑 한 켤레

go went, gone, going, goes
[gou 고우] 통 가다 ↔ **come** 오다

I went to the zoo last weekend.
나는 지난 주말에 동물원에 갔다.

Go straight. 똑바로 가라.
Let's go. 가자.
Go ahead. 계속하세요.

go home
집에 가다

go shopping
쇼핑하러 가다

go to school
학교에 가다

go to bed
자다, 취침하다

go swimming
수영하러 가다

god [God]
[gɑd 갓] 명 신, 하나님

God bless you!
당신에게 신의 축복이 있기를 (빕니다)!

the Son of **God**
하나님의 아들

gold
[gould 고울드] 명 금, 황금

Silence is gold. 침묵은 금이다.

a **gold** ring 금반지

good
[gud 굿] 형 좋은, 훌륭한 ↔ **bad** 나쁜

Sounds good.
좋아.

a **good** boy 착한 소년

grade grades
[greid 그레이드] 몡 학년, 성적

He got grade A in English.
그는 영어에서 A학점을 얻었다.

the first **grade**
초등학교의 1학년

What grade are you in? 넌 몇 학년이니?
- I'm in the fifth grade. 5학년이에요.

Excellent (A) 최우수
[éksələnt 엑설런트]

Good (B) 우수
[gud 굿]

Pass (C) 통과
[pæs 패스]

Fail (F) 낙제
[feil 페일]

grandfather
[grǽndfà:ðər 그랜드파더] 몡 할아버지, 조부

He is my grandfather.
그는 우리 할아버지야.

my maternal **grandfather**
우리 외할아버지

grandmother
[grǽndmʌðər 그랜드머더] 몡 할머니

My grandmother sings very well.
할머니께서는 노래를 아주 잘 부르신다.

my **grandmother**'s wish
내 할머니의 소원

grape grapes
[greip 그레입] 몡 포도

Wine is made from grapes.
와인은 포도로 만들어진다.

grape juice
포도 주스

grass
[græs 그래스] 몡 풀, 잔디

Keep off the grass. 잔디밭에 들어가지 마시오.

cut **grass** 풀을 베다

gray
[grei 그레이] 몡 회색 혱 회색의

My coat is gray. 내 코트는 회색이에요.

a **gray** uniform 회색 유니폼

great
[greit 그레잇] 혱 큰, 위대한

He is a great artist.
그는 위대한 예술가이다.

That's great! 잘했어요!
I feel great. 기분 좋아.

a **great** animal
큰 동물

green
[griːn 그린] 몡 녹색

The cucumber is green. 오이는 녹색이다.

bright **green** 밝은 녹색

ground
[graund 그라운드] 몡 땅, 기초

The ground is very dry.
땅이 매우 건조하다.

a baseball **ground**
야구장

group groups
[gruːp 그룹] 몡 단체, 그룹

I started a study group.
난 스터디 그룹을 시작했어.

a **group** tour
단체 여행

grow grew, grown, growing, grows
[grou 그로우] 동 성장하다, 자라다

Many trees grow in the forest.
많은 나무들이 숲에서 자란다.

grow very quickly
매우 빨리 자라다

When I grow up, I want to be a singer.
난 커서 가수가 되고 싶어.

guest guests
[gest 게스트] 명 (초대받은) 손님

I was his guest for a month.
나는 한 달 동안 그의 집에 손님으로 있었다.

invite a **guest**
손님을 초대하다

guide guided, guided, guiding, guides
[gaid 가이드] 동 인도하다, 안내하다

His dog will guide you to his house.
그의 개는 당신을 그의 집으로 안내할 것입니다.

a tour **guide**
관광 가이드

guitar guitars
[gitá:r 기타아] 명 기타

The guitar has six strings.
기타는 줄이 여섯 개다.

play the **guitar**
기타를 치다

gun guns
[gʌn 건] 명 총

He shot a bird with his gun.
그는 총으로 새를 쏘았다.

a toy **gun**
장난감 총

Hh

had

[hæd 해드] ⑧ **have**의 과거·과거분사

He had a new car and a boat.
그는 새 승용차와 보트를 한 척 가지고 있었다.

We had breakfast late. 우리는 늦게 아침을 먹었다.

have **had** it
끝장나다[다 망가지다]

hair

[hɛər 헤어] ⑲ 머리카락

She dyed her hair.
그녀는 머리를 염색했다.

black **hair**
검은 머리

curly hair 단발 머리
[kə́:rli hɛər 커얼리 헤어]

long hair 긴 머리
[lɔ:ŋ hɛər 롱 헤어]

half halves

[hæf 해프] ⑲ 반, 2분의 1

Half of 2 is 1.
2의 반은 1이다.

half of an apple
사과 반쪽

hall halls

[hɔ:l 홀] ⑲ 넓은 방, 홀

The hall filled soon.
홀은 곧 만원이 되었다.

a large **hall**
큰 방

hamburger hamburgers

[hǽmbə̀ːrɡər 햄버어거] 몡 햄버거

Ally ordered two hamburgers.
앨리는 햄버거 두 개를 주문했다.

hamburger patty
햄버거에 넣는 고기(패티)

hand hands

[hænd 핸드] 몡 손

Raise your hand.
손을 들어라.

make by **hand**
손으로 만들다

handle handles

[hǽndl 핸들] 몡 핸들, 손잡이

The handle is broken.
손잡이가 부서졌다.

turn a **handle**
손잡이를 돌리다

happen happened, happened, happening, happens

[hǽpən 해픈] 용 일어나다, 생기다

Accidents will happen.
사고는 일어나게 마련이다.

happen an accident
사고가 일어나다

What happened? 무슨 일이야?

happy

[hǽpi 해피] 혱 행복한 ↔ **unhappy** 불행한

I feel happy.
나는 행복감을 느낀다.

a **happy** story
행복한 이야기

hard
[haːrd 하아드] 혱 단단한, 어려운 ↔ **soft** 부드러운, **easy** 쉬운 (부) 열심히

The bricks are very hard.
그 벽돌은 매우 단단하다.

work hard
열심히 일하다

has had
[hæz 해즈] 동 가지고 있다 <**have**의 3인칭단수>

He had a new laptop.
그는 새 노트북을 한 대 가지고 있었다.

if he has any money
그가 조금이라도 돈이 있으면

He has a fever. 그는 열이 있다.

hat hats
[hæt 햇] 몡 모자

My hat is off.
모자가 벗겨졌다.

wear a hat
모자를 쓰다

hate hated, hated, hating, hates
[heit 헤이트] 동 싫어하다 ↔ **love** 사랑하다

I really hate oily food.
난 느끼한 음식을 정말 싫어해.

hate each other
서로 싫어하다

have had, has

[hæv 해브] 동 가지고 있다

I have a backpack.
나는 백팩을 가지고 있다.

have a bat
배트를 가지고 있다

Have a good time. 좋은 시간 되세요.
Let's have a lunch. 점심 먹고 합시다.

Do you have any brothers? 남자 형제가 있니?
- Yes, I have three brothers. 네, 세 명 있어요.
Have you ever been to America?
미국에 가 본 적 있어?

- No, I have never been there. 아니, 전혀 없어.

● have와 has

'가지고 있다'는 영어로 **have**나 **has**로 나타냅니다. **have**와 **has**는 인칭과 수에 따라 바뀝니다. 아래의 표에서도 알 수 있듯이 **have**가 **has**로 되는 것은 주어가 3인칭 단수 **he, she, it**인 경우입니다. **have**나 **has**는 각각 강하게 발음될 때는 [hæv] [hæz], 약하게 발음될 때는 [həv] [həz]가 됩니다.

인칭	단 수	복 수
1 인칭	I have	we have
2 인칭	you have	you have
3 인칭	he has she has it has	they have

he

[hi: 히] 대 그 명 남자, 수컷

This is Bill and he is my friend.
얘는 빌이고 그는 내 친구예요.

a **he**-goat
숫염소

His hobby is drowing. 그의 취미는 그리기예요.
I draw with him every week. 나는 그와 매주 그리기를 해요.
That pencil is his. 그 연필은 그의 것이야.

head heads
[hed 헤드] 몡 머리

My head cleared.
머리가 맑아졌다.

strike on the **head**
머리를 때리다

health
[helθ 헬쓰] 몡 건강

He is in good health.
그는 건강이 좋다.

health club
헬스클럽

hear heard, heard, hearing, hears
[hiər 히어] 동 듣다

I heard a bird singing.
새가 노래하는 걸 들었어요.

Can you hear me. 들리니?

hear a voice
목소리를 듣다

heart hearts
[hɑːrt 하아트] 몡 마음, 심장

You have a warm heart.
마음씨가 따뜻하군요.

a kind **heart**
친절한 마음씨

heavy
[hévi 헤비] 혱 무거운 ↔ **light** 가벼운

It is a heavy stone.
무거운 돌이군요.

a **heavy** bag
무거운 가방

hello

[helóu 헬로우] ㉧ 안녕 <인사>, 여보세요 <전화>

Hello. May I speak to Tom?
여보세요. 탐과 통화할 수 있나요?

Hello, Henry. 안녕, 헨리.

say **hello**
안부를 전하다

help helped, helped, helping, helps

[help 헬프] ㉤ 도움 ㉧ 돕다

Can I help you. 도와 드릴까요?
Do you need my help? 내 도움이 필요하니?

help with homework
숙제를 돕다

hen hens

[hen 헨] ㉤ 암탉

The hen has three chicks.
그 암탉에게는 병아리가 세 마리 있다.

hens lay eggs
암탉이 알을 낳다

cluck 꼬꼬댁거리다
[klʌk 클럭]

rooster 수탉
[rúːstər 루스터]

chick 병아리
[tʃik 치크]

her

[həːr 허어] ㉡ 그 여자를[에게] <she의 목적격>

We like her.
우리는 그녀를 좋아해.

her last book
그녀의 가장 최근 책

here

[hiər 히어] ㉣ 여기에 ↔ **there** 저기에

Here comes the bus. 여기에 버스가 온다.
Here you are. 여기 있습니다.

come **here** 여기에 오다

hi
[hai 하이] 〈감〉 안녕 <만났을 때>

Hi, Jenny! You look great.
안녕, 제니! 좋아 보이는구나.

Hi there!
어이, 안녕

hide hid, hidden, hiding, hides
[haid 하이드] 〈동〉 숨다

The thief hides behind the wall.
도둑이 벽 뒤에 숨다.

hide behind a tree
나무 뒤에 숨다

high
[hai 하이] 〈형〉 높은 ↔ **low** 낮은

The tower is high.
탑이 높다.

a **high** price
높은 가격

hiking
[háikiŋ 하이킹] 〈명〉 하이킹, 도보여행

The man is hiking.
남자가 하이킹을 하고 있다.

a **hiking** trail
하이킹 코스

hill hills
[hil 힐] 〈명〉 언덕

There is a big tree on the hill.
언덕 위에 커다란 나무 한 그루가 있다.

the top of a **hill**
언덕 꼭대기

him

[him 힘] 때 그를, 그에게 <he의 목적격>

When did you see him?
그를 언제 보았어요?

buy **him** a book
그에게 책을 사 주다

his

[hiz 히즈] 때 ❶ 그의 <he의 소유격> ❷ 그의 것 <he의 소유대명사>

James has sold his car.
제임스는 자기 차를 팔았다.

a friend of **his**
그의 친구

hit hit, hit, hitting, hits

[hit 힛] 동 때리다, 치다

My brother hit me.
형이 나를 때렸어.

hit a home run
홈런을 치다

hobby hobbies

[hábi 하비] 명 취미

What is your hobby?
네 취미는 뭐니?

- Painting. 그림이야.

paint as a **hobby**
취미로 그림을 그리다

hold held, held, holding, holds

[hould 호울드] 동 잡다

Hold the rope.
밧줄을 잡아라.

hold an arm
팔을 잡다

Hold on, please. (전화할 때) 잠시만 기다리세요.

hole holes
[houl 호울] 명 구멍

The dog is digging a hole.
그 개는 구멍을 파고 있다.

dig a **hole**
구멍을 파다

holiday holidays
[hálədèi 할러데이] 명 휴일, 경축일

NewYear's Day 새해

Sunday is a holiday.
일요일은 휴일이다.

a national **holiday**
국경일

Buddha's Birthday 석가탄신일

Christmas 크리스마스

Choosuk 추석

home
[houm 호움] 명 집, 가정 부 집에, 집으로

I stayed home yesterday.
나는 어제 집에 있었다.

a happy **home**
행복한 가정

He goes home lonely.
그는 혼자서 집에 간다.

homework
[hóumwə̀:rk 호움워어크] 명 숙제

I'm doing my homework.
나는 숙제를 하고 있다.

check **homework**
숙제를 검사하다

honest
[ánist 아니스트] 형 정직한, 성실한

They are honest students.
그들은 정직한 학생들이다.

an **honest** answer
솔직한 대답

hope hopes / hoped, hoped, hoping, hopes
[houp 호웁] 명 희망 동 바라다

Teenagers are our hope.
10대는 우리의 희망이다.

hope to be a teacher
교사가 되기를 바라다

I hope so. 나도 그러길 바라.

horse horses
[hɔːrs 호어스] 명 말

A horse likes carrots.
말은 당근을 좋아한다.

ride a **horse**
말을 타다

hose hoses
[houz 호우즈] 명 호스

He's spraying water with a hose.
그는 호스로 물을 뿌리고 있다.

a garden **hose**
정원용 호스

hospital hospitals
[háspitl 하스피틀] 몡 병원

Henry is in the hospital.
헨리는 병원에 입원 중이다.

go to the **hospital**
병원에 가다

patient's room 입원실
[péiʃənts ruːm 페이션스 룸]

operating room 수술실
[ápərèitiŋ ruːm 아퍼레이팅 룸]

pharmacy 약국
[fáːrməsi 파아머씨]

hot
[hɑt 핫] 혱 뜨거운 ↔ **cold** 차가운

A glass of hot water, please.
뜨거운 물 한 잔 주세요.

It is hot today. 오늘 날씨가 더워요.

hot soup
뜨거운 국

hotel hotels
[houtél 호우텔] 몡 호텔

Jenny is staying at a hotel.
제니는 호텔에 머물고 있다.

stay at a **hotel**
호텔에 묵다

minute 분
[mínit 미닛]

hour 시
[áuər 아워]

second 초
[sékənd 쎄컨드]

hour hours
[áuər 아워] 몡 시간

I exercise for two hours a day.
나는 하루에 2시간 동안 운동을 한다.

half an **hour**
반시간[30분]

house houses

[haus 하우스] 몡 집

This house is ours.

이 집이 우리 집이에요.

a large **house** 넓은 집

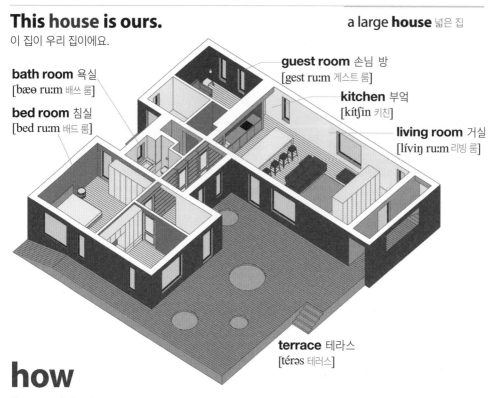

bath room 욕실
[bæθ ru:m 배쓰 룸]

bed room 침실
[bed ru:m 배드 룸]

guest room 손님 방
[gest ru:m 게스트 룸]

kitchen 부엌
[kítʃin 키친]

living room 거실
[lívin ru:m 리빙 룸]

terrace 테라스
[térəs 테러스]

how

[hau 하우] 믯 어떻게, 얼마

How old are you? 몇 살이니?

- I'm twelve years old. 12살.

How many books do you have?

책을 몇 권 가지고 있니?

- I have two. 2권.

How much is this book? 이 책은 얼마예요?

- It's 10,000 won. 1만원이요.

How tall are you? 키가 몇이니?

- I'm 150cm tall. 150센티야.

hug hugged, hugged, hugging, hugs
[hʌg 허그] 图 (사랑스럽게) 꼭 껴안다

They hugged each other.
그들은 서로 껴안았다.

hug a child
어린애를 끌어안다

Give me a hug. 안아 줘.

hundred hundreds
[hʌ́ndrəd 헌드러드] 图 백(100)

I have two hundred dollars.
나한테 200달러가 있다.

several **hundred** 몇 백

There were one hundred people in the hall.
홀에는 100명의 사람들이 있었다.

hungry

[hʌ́ŋgri 헝그리] 图 배고픈 ↔ **full** 배부른

I'm hungry.
배고파.

be **hungry** all day
하루 종일 굶다

hurry hurried, hurried, hurrying, hurries
[hə́:ri 허리] 图 서두르다

Don't hurry.
서두르지 마.

hurry home
집에 서둘러 가다

Hurry up. 서둘러.

hurt hurt, hurt, hurting, hurts
[hə:rt 허어트] 图 다치게 하다, 아프다 图 다친

I hurt my thumb.
엄지손가락을 다쳤다.

hurt one's feelings
~의 기분을 상하게 하다

It hurts. 아파.

Ii

I

[ai 아이] 때 나

I have a cat.
나는 고양이가 한 마리가 있어요.

My cat's name is Kitty.
내 고양이 이름은 키티예요.

She likes me. 키티는 나를 좋아해요.
She is a friend of mine. 키티는 내 친구예요.

I understand
알겠습니다

● 인칭대명사의 변화

단수는 '하나', 복수는 '둘 이상'을 의미해요. 인칭대명사란 사람을 칭하는(가르키는) 대명사예요.

		주 격	소유격	목적격	소유대명사
		~이(가), 는	~의	~을	~의 것
단수	1 인칭	I	my	me	mine
	2 인칭	you	your	you	yours
	3 인칭	he	his	him	his
		she	her	her	hers
		it	its	its	-
복수	1 인칭	we	our	us	ours
	2 인칭	you	your	you	yours
	3 인칭	they	their	them	theirs

ice
[ais 아이스] 뗑 얼음

She slipped on the ice.
그녀는 얼음 위에서 미끄러졌다.

buy cold ice
차가운 얼음을 사다

ice cream
[ais kri:m 아이스 크림] 몡 아이스크림

My favorite ice cream cone flavor is chocolate.
내가 제일 좋아하는 아이스크림 콘 맛은 초코야.

an **ice cream** cone
아이스크림 콘

vanilla 바닐라
[vənílə 버닐러]

chocolate 초콜릿
[tʃɔ́:kəlit 초컬릿]

strawberry 딸기
[strɔ́:bèri 스트로베리]

idea ideas
[aidí:ə 아이디어] 몡 생각

That's a good idea.
좋은 생각이야.

a very good **idea**
아주 좋은 생각

if
[if 이프] 쩹 만일 ~라면

If it's fine tomorrow, I will go there.
만일 내일 날이 좋으면, 난 거기에 갈거야.

If I had wings
만약 나에게 날개가 있다면

ill
[il 일] 혱 아픈

Bill is ill.
빌이 아파.

be **ill** in bed
아파서 누워 있다

important
[impɔ́:rtənt 임포어턴트] 혱 중요한, 귀중한

It is important to study hard.
열심히 공부하는 것은 중요하다.

be most **important**
가장 중요하다

in

[in 인] 전 ~안에

The cat wants in.
고양이가 안으로 들어가고 싶어 한다.

a bird **in** a cage
새장 안의 새

ink

[iŋk 잉크] 명 잉크

The ink bottle is empty.
잉크병이 비어 있다.

black **ink**
검정 잉크

inside

[insáid 인싸이드] 부 내부에(로), 안쪽에(으로) 전 ~의 안쪽에 ↔ **outside** ~의 밖으로

The ducks were put inside the fence.
오리가 울타리 안에 넣어졌다.

an **inside** pocket
안주머니

Chicks are inside eggs.
병아리들이 알 속에 있다.

interest

[íntərest 인터레스트] 명 흥미

She's lost interest in tennis.
그녀는 테니스에 대한 흥미를 잃어버렸다.

show **interest** in it
그것에 흥미를 보이다

into

[íntu 인투] 전 ~의 안쪽으로 ↔ **out of** ~의 밖으로

They went into the tent.
그들은 텐트 안으로 들어갔다.

jump **into** the pool
풀 안으로 뛰어들다

introduce introduced, introduced, introducing, introduces

[ìntrədjúːs 인트러듀스] 동 소개하다

Let me introduce myself.

저를 소개할게요.

introduce my friend

내 친구를 소개하다

is

[iz 이즈] 동 be의 3인칭단수 ↔ isn't

This is my guitar. 이것은 내 기타입니다.

> **Is that also your guitar?** 저것도 네 기타니?
> **- No, it isn't.** 아니.
>
> **What's he doing?** 그는 뭘 하고 있니?
> **- He is palying the guitar.** 기타를 치고 있어.

time **is** money

시간은 돈이다

island islands

[áilənd 아일런드] 명 섬

Japan is an island country.

일본은 섬나라이다.

a small **island**

작은 섬

it

[it 잇] 떼 그것

What's this? 이건 뭐야?

- **It's a snowman.** 그건 눈사람이야.

What's the weather like today?
오늘 날씨 어때?

- **It's cold.** 추워.

it's me 그건 나야

its

[its 잇스] 떼 그것의, 저것의 <it의 소유격>

Turn the box on its side.
상자를 옆으로 돌려라.

drop its tail
꼬리를 늘이다

Jj

jam
[dʒæm 잼] 몡 잼

Spread jam on bread.
빵에 잼을 바르세요.

a jam doughnut
잼 도넛

January
[dʒǽnjuèri 재뉴에리] 몡 1월

Please hand in your essay before January 15.
1월 15일 전까지 에세이를 제출하세요.

in January last
지난 1월에

job jobs
[dʒɑ:b 잡] 몡 직업, 일

What's your job?
직업이 뭐예요?

finish a job
일을 끝내다

join joined, joined, joining, joins
[dʒɔin 조인] 동 가입하다

Can't you join us?
우리와 같이 할 수 없니?

join the basketball team
농구팀에 가입하다

joy
[dʒɔi 조이] 몡 기쁨

He jumped up with joy.
그는 기뻐서 깡충 뛰었다.

tears of **joy**
기쁨의 눈물

juice
[dʒuːs 주스] 몡 주스

I ordered a glass of juice.
나는 주스 한 잔을 주문했다.

orange **juice**
오렌지 주스

July
[dʒuːlái 줄라이] 몡 7월

Wasn't the festival held in July?
그 축제는 7월에 열리지 않았나요?

on **July** 10
7월 10일에

jump jumped, jumped, jumping, jumps
[dʒʌmp 점프] 동 뛰어오르다

The lion jumps over a stick.
사자가 막대기를 뛰어넘는다.

jump into the sea
바다로 뛰어들다

June
[dʒuːn 준] 몡 6월

June twenty-first is the longest day of the year.
6월 21일은 1년 중 낮이 가장 긴 날이다.

a day in **June**
6월 어느 날

jungle

[dʒʌ́ŋgl 정글] 똉 밀림지대, 정글

The lion is the king of the jungle.
사자는 밀림의 왕이다.

go into the **jungle**
정글 속으로 들어가다

junior juniors

[dʒúːnjər 주니어] 똉 손아래의 똉 손아랫사람 ↔ **senior**

He is my junior by three years.
그는 나보다 세 살 아래다.

I am his junior.
나는 그의 후배다.

a **junior** high boy
남자중학생

junior

senior

just

[dʒʌst 저스트] 똉 꼭, 바로, 오직, 단지

He is just a child.
그는 단지 아이일 뿐이다.

just half past six
정각 6시 반

The school is just around the corner.
학교는 모퉁이 돌면 바로 있어요.

Bill acts just like a child.
빌은 하는 짓이 꼭 어린애 같다.

Kk

keep kept, kept, keeping, keeps
[ki:p 킵] ⑧ 유지하다, 계속하다, 보관하다

I kept the balls in the box.
나는 공을 상자에 보관했다.

keep to the right
우측통행하다

Keep going.
계속 가.

Keep off the grass.
잔디밭에 들어가지 마시오.

key keys
[ki: 키] ⑲ 열쇠

I've lost my key.
나는 열쇠를 잃어버렸다.

make a **key** 열쇠를 만들다

keyhole 열쇠구멍
[ki:hòul 키호울]

lock 자물쇠
[lɑk 락]

electronic key 전자키
[ilèktránik ki: 일렉트라닉 키]

kick kicked, kicked, kicking, kicks
[kik 킥] ⑧ 차다

She kicked his knee.
그녀는 그의 무릎을 걷어찼다.

kick a ball
공을 차다

kid kids / kidded, kidded, kidding, kids
[kid 키드] 몡 아이 동 농담하다

Kids love cookies.
아이들은 과자를 좋아한다.

You are kidding me. 농담이죠.

a little **kid**
어린 아이

kill killed, killed, killing, kills
[kil 킬] 동 죽이다

Don't kill the ant.
그 개미를 죽이지 마라.

kill an animal
동물을 죽이다

kind kinds
[kaind 카인드] 몡 종류 혱 친절한

What kind of food do you like?
어떤 종류의 음식을 좋아하니?

a **kind** boy
친절한 소년

You are so kind. 정말 친절하시군요.

king kings
[kiŋ 킹] 몡 왕

The king had one princess.
왕은 한 명의 공주를 두었다.

the **king** of all animals
모든 동물의 왕

kitchen kitchens
[kítʃin 키친] 명 부엌

Mother is in the kitchen.
엄마는 부엌에 계신다.

cook in the **kitchen**
부엌에서 요리하다

knee knees
[ni: 니] 명 무릎

I have a pain in my knee.
무릎이 아파요.

bend one's **knees**
무릎을 구부리다

knife knives
[naif 나이프] 명 칼

The knife is very sharp.
그 칼은 정말 날카로워.

cut with a **knife**
칼로 자르다

knock knocked, knocked, knocking, knocks
[nɑk 낙] 동 두드리다

She heard a knock on the door.
그녀는 문을 두드리는 소리를 들었다.

knock on the door
문을 두드리다

know knew known knowing knows
[nou 노우] 동 알다

I know lots of fun songs.
난 재미있는 노래를 많이 알고 있어.

This was before I knew you.
이건 내가 너를 알기 전의 일이었어.

know the fact
사실을 알다

Do you know the way to the library?
도서관 가는 길 아니?

- Sorry, I don't know.
미안. 몰라.

Ll

lady ladies
[léidi 레이디] 몡 숙녀 ↔ **gentleman** 신사

She did like a lady.
그녀는 숙녀답게 행동했다.

the first **lady**
대통령 부인[영부인]

lake lakes
[leik 레이크] 몡 호수

We walked to the lake.
우리는 호수까지 걸었다.

fish in a **lake**
호수에서 낚시하다

lamp lamps
[læmp 램프] 몡 등, 등불

There is a lamp on the desk.
책상 위에 등이 있다.

turn on the **lamp**
등불을 켜다

land
[lænd 랜드] 몡 땅, 육지

The land lies high.
그 땅은 높은 곳에 있다.

a **land** animal
육지 동물

large
[lɑːrdʒ 라아지] ⑱큰, 많은 ↔ small

An elephant is a large animal.
코끼리는 큰 동물이다.

a **large** number of people
많은 사람들

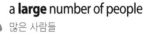

last
[lɑːst 라스트] ⑱최후의, 지난 ↔ first

She left last Sunday. 그녀는 지난 일요일에 떠났다.

the **last** day 마지막 날

late
[leit 레이트] ⑱늦은 ↔ early 이른

I'm late for school. 나 학교에 늦었어.

go to bed **late** 늦게 자다

laugh laughed, laughed, laughing, laughs
[læf 래프] ⑲웃다

Bill has a loud laugh.
빌은 웃음소리가 크다.

laugh heartily
실컷 웃다

● laugh, smile, giggle

laugh는 (소리내어) 웃다, **smile**는 (소리를 내지 않고) 웃다, 미소 짓다,
giggle 피식 웃다, 키득거리다

lead led, led, leading, leads

[liːd 리드] 동 인도하다, 안내하다

You lead, and we'll follow.
네가 앞장서라, 그러면 우리가 따르겠다.

lead her into the room
그녀를 방으로 안내하다

leaf leaves

[liːf 리프] 명 잎

This is a four-leaf clover.
이것은 네 잎 클로버다.

a green **leaf**
푸른 잎

learn learned, learned, learning, learns

[ləːrn 러언] 동 배우다

I want to learn English.
나는 영어를 배우고 싶어.

learn how to skate
스케이트를 배우다

leave left, left, leaving, leaves

[liːv 리브] 동 떠나다, 남기다

Bill will leave tomorrow.
빌은 내일 떠날 거야.

leave home
집을 떠나다

Leave it to me. 내게 맡겨.
He left the house at eight. 그는 8시에 집을 나갔어.

left

[left 레프트] 명 왼쪽 형 왼쪽의 ↔ **right** 오른쪽(의)

He writes left-handed.
그는 왼손으로 쓴다.

turn **left**
왼쪽으로 돌다

leg legs
[leg 레그] 명 다리

My leg pains me.
다리가 아파요.

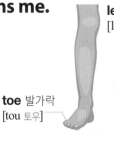

leg 다리
[leg 레그]

foot 발
[fut 풋]

toe 발가락
[tou 토우]

heel 발뒤꿈치
[hi:l 힐]

the **leg** of a table
책상다리

lemon lemons
[lémən 레먼] 명 레몬

The lemon has a sour taste.
레몬은 신맛이 난다.

juice **lemon**
레몬 즙을 짜다

lend lent, lent, lending, lends
[lend 렌드] 동 빌려 주다 ↔ **borrow** 빌리다

Can you lend me your pen?
네 펜 좀 빌려 주겠니?

lend a book
책을 빌려 주다

Who lent you the pen?
누가 네게 펜을 빌려줬니?

- Bill did. 빌이야.

to borrow

to lend

lesson lessons
[lésn 레슨] 명 학과, 수업

I have no lesson today.
오늘은 수업이 없다.

a piano **lesson**
피아노 수업

let let, let, letting, lets

[let 렛] ⑧ 허락하다, 놓아두다, ~하자

Let me go out.
나가게 허락해 주세요.

let ~ on a bus
버스에 ~을 태우다

Let it go. 그냥 놔두렴.
Let me try. 내가 해볼게.
Let's play soccer. 축구하자.

● Let's + 동사원형

Let's ~는 '~하자'의 뜻으로 권유를 나타내는 표현입니다.
Let's go. 가자. / **Let's walk**. 걷자.

letter letters

[létər 레터] ⑲ 편지, 글자

Please mail this letter.
이 편지를 좀 부쳐 주세요.

mail a letter
편지를 부치다

library libraries

[láibrèri 라이브레리] ⑲ 도서관

You should be quiet in the library.
도서관에서는 조용히 해야 한다.

take a book from a library
도서관에서 책을 빌리다

lie lies / lied(lay), lied(lain), lying, lies

[lai 라이] 명 거짓말 동 거짓말하다, 눕다 (▶연관 lay)

You must not tell a lie.

거짓말을 하면 안 된다.

tell a **lie**
거짓말 하다

Lie down here and take a rest.

여기 누워서 좀 쉬어라.

● lie와 lay

두 단어는 모양도 비슷하고 뜻도 비슷해서 헷갈리기 쉬워요.

lie 거짓말하다 **lie-lied-lied**
     Don't lie to me. 거짓말 하지마. / **It's a lie.** 그건 거짓말이야.
     드러눕다, 놓여 있다 **lie-lay-lain**
     Lie down! 누우세요. / **She lay on the floor.** 그녀는 바닥에 드러누었다.

lay 살짝 조심스레 놓다, 두다 **lay-laid-laid**
     She laid down the baby. 그녀는 아기를 살짝 내려 놓았다.

light

[lait 라이트] 명 빛, 밝기 형 밝은, 가벼운 ←→ **heavy** 무거운

Turn on the light. 불을 켜라.

a low **light** 약한 불빛

This box is very light.

이 상자는 매우 가볍다.

like liked, liked, liking, likes

[laik 라익] 동 좋아하다 형 ~같은

She likes to sing a song.

그녀는 노래하는 걸 좋아해요

like fruit
과일을 좋아하다.

She likes music. 그녀는 음악을 좋아해요.

She likes playing the guitar. 그녀는 기타치는 걸 좋아해요.

What is she like? 그녀는 어떤 사람같니?

- Sally sings like a pop singer.

샐리는 팝가수처럼 노래를 해.

line lines
[lain 라인] 몡 선, 줄

Billy is the first in line.
빌리는 줄의 맨 앞에 있다.

draw a **line** on the paper
종이에 선을 긋다

lion lions
[láiən 라이언] 몡 사자

The lion is king of the jungle.
사자는 밀림의 왕입니다.

a pride of **lions**
사사 한 무리

lip lips
[lip 립] 몡 입술

She has rosy lips. 그녀는 장밋빛 입술을 가졌다.

red **lips** 빨간 입술

list lists
[list 리스트] 몡 목록

Henry is writing a long list.
헨리는 긴 목록을 작성하고 있다.

a **list** of members
회원 명부

listen listened, listened, listening, listens
[lísn 리슨] 동 (귀 기울여) 듣다

I'm listening to music.
난 음악을 듣고 있어.

Listen to the bells!
종소리를 들어 봐요!

Listen carefully.
주의깊게 들어보세요.

listen to music
음악을 듣다

little

[lítl 리틀] 형 작은, 적은 ↔ **big** 큰, **much** 많은

The cat is little.
저 고양이는 작다.

The water is little.
저 물은 적다.

The **Little** Prince
어린 왕자

live lived, lived, living, lives

[laiv 라이브] 형 생생한 / [liv 리브] 동 살다

We saw a real live snake!
우리는 진짜 살아 있는 뱀을 보았어!

a **live** TV show
생방송 TV 쇼

They live in Seoul. 그들은 서울에 산다.

long

[lɔːŋ 롱] 형 긴 ↔ **short** 짧은

She has long hair.
그녀는 머리가 길다.

a **long** night
긴 밤

a long pencil 긴 연필

a longer pencil 더 긴 연필

the longest pencil 가장 긴 연필

look looked, looked, looking, looks
[luk 룩] ⑧ 보다, 바라보다, 마치 ~인 것 같다

Look at me. 나를 봐.
Look for the key. 열쇠를 찾아라.
Look after your brother. 동생을 돌봐라.
You look happy. 너는 행복해 보여.
It looks like rain. 비가 올 것 같아.

look at the picture
그림을 보다

loose
[luːs 루스] ⑱ 헐렁한, 느슨한 ↔ **tight** 단단한, 꼭 맞는

His coat is too loose.
그의 코트는 너무 헐렁하다.

tight

loose

a **loose** shirt
헐렁한 셔츠

lose lost, lost, losing, loses
[luːz 루즈] ⑧ 잃어버리다, 길을 잃다

I lost my key. 나는 열쇠를 읽어 버렸다.
We lost in the woods. 우리는 숲 속에서 길을 잃었다.

lose one's purse
지갑을 잃어 버리다

lot
[lɑt 랏] ⑲ 많음 ⑭ 크게

I have a lot of money.
나는 돈을 많이 갖고 있다.

a **lot** of stamps
많은 우표

> ● a lot of, lots of
>
> **a lot of**와 **lots of**는 둘다 '많은'이라는 뜻이에요.
> 뒤에 오는 명사에 따라 **many**로 바꿀 수도 있고, **much**로 바꿀 수도 있어요.
> **a lot of apples = lots of apples = many apples** 많은 사과
> **a lot of water = lots of water = much water** 많은 물

loud
[laud 라우드] 형 (소리가) 큰

Don't talk so loud. 그렇게 크게 말하지 마라.　　　　　a **loud** voice 큰소리

love loved, loved, loving, loves
[lʌv 러브] 명 사랑 동 사랑하다

They love each other.　　　　　romantic **love**
그들은 서로 사랑한다.　　　　　낭만적인 사랑

low
[lou 로우] 형 낮은 부 낮게 ↔ **high** 높은

The wall is low.　　　　　a very **low** voice
그 벽은 낮다.　　　　　매우 낮은 소리

luck
[lʌk 럭] 명 행운

Good luck to you! 행운을 빕니다!　　　　　wish one's **luck** 행운을 빌다

lunch
[lʌntʃ 런치] 명 점심

It's time for lunch. 점심시간이다.　　　　　eat **lunch** 점심을 먹다

school lunch 학교 급식
[sku:l lʌntʃ 스쿨 런치]

school cafeteria 학교 급식실
[sku:l kæ̀fitíəriə 스쿨 캐피티어리어]

food tray 식판
[fu:d trei 푸드 트레이]

Mm

ma'am
[mæm 맴] 명 아주머니

May I help you, ma'am?
도와 드릴까요, 아주머니?

Hello, **ma'am**.
안녕하세요, 아주머니.

mad
[mæd 매드] 형 미친

He is quite mad. 그는 아주 미쳤다.

a **mad** man 미치광이

mail
[meil 메일] 명 우편

I sent a message to him by E-mail.
나는 그에게 이메일로 메세지를 보냈다.

take the **mail**
우편물을 받다

The morning mail is late.
아침 우편배달이 늦다.

mailbox 우체통
[méilbàks 메일박스]

mail carrier 우편배달원
[meil kǽriər 메일 캐리어]

main
[mein 메인] 형 으뜸가는, 주요한

This is the main street of this town.
이곳이 이 도시의 번화가이다.

a **main** dish
주 요리

make made, made, making, makes

[meik 메이크] 동 만들다, ~이 되다

Cows make milk.
암소들이 우유를 만든다.

One and three makes four.
1 더하기 3은 4가 된다.

I made it! 해냈다!

make a dress
드레스를 만들다

man men

[mæn 맨] 명 남자, 사람 ↔ **woman** 여자

That man is handsome. 저 남자는 잘생겼다.

man's heart 사나이 마음

many

[méni 메니] 형 많은, 다수의 (▶연관 lot, much, more, most)

I have a few, but not many.
내게 조금은 있지만 많이는 없다.

many friends
많은 친구들

How many times do you eat out a month?
한 달에 외식을 몇 번 하니?

- Twice a month. 한 달에 두 번이야.

How many people are there in a class?
한 반에 몇 명이 있니?

- Thirty people. 30명이야.

map maps
[mæp 맵] 몡 지도

Henry is looking at a map.
헨리는 지도를 보고 있다.

draw a **map**
지도를 그리다

world map 세계지도
[wɔːrld mæ 워얼드 맵]

globe 지구본
[gloub 글로우브]

atlas 지도책
[ǽtləs 애틀러스]

March
[mɑːrtʃ 마아치] 몡 3월 / (m-) 동 행진하다

The date is ides of March.
그날은 3월 15일이다.

march through the streets
거리를 행진하다

market markets
[máːrkit 마아킷] 몡 시장

Corn is available in the market.
옥수수는 시장에서 살 수 있다.

shop at the **market**
시장에서 물건을 사다

marry married, married, marrying, marries
[mǽri 매리] 동 (~와) 결혼하다

Please marry me.
저와 결혼해 줘요.

marry a beautiful lady
아름다운 여성과 결혼하다

math

[mæθ 매쓰] 명 수학 <mathematics의 준말>

English is easier than math.

영어는 수학보다 쉽다.

solve a **math** problem
수학 문제를 풀다

three plus four is(equals) seven.

3 + 4 = 7

Five minus two is three.

5 - 2 = 3

Two times three is six

2 × 3 = 6

Ten divided by five is two.

10 ÷ 5 = 2

addition	subtraction	multiplication	division
+	−	×	÷

one half	one third	one quarter	two point five
1/2	1/3	1/4	2.5

kilometer	meter	centimeter	milimeter
km	m	cm	mm

kilogram	gram	liter	deciliter
kg	g	l	dl

matter matters

[mǽtər 매터] 명 문제

What's the matter? 무슨 문제 있니?

a little **matter** 사소한 문제

may might

[mei 메이] 몡 5월 / (M-) 조 ~일지도 모른다, ~해도 좋다

It is Children's Day in Korea on May 5.
한국에서 5월 5일은 어린이날이다.

stay to the end of **May**
5월 말까지 머무르다

It may rain tomorrow. 내일 비가 올지도 몰라요.

May I use your pen? 당신 펜을 써도 될까요?
- **Sure.** 물론이죠.
May I help you? 도와드릴까요?
- **Yes, please.** 예.

maybe

[méibi 메이비] 뷔 아마, 어쩌면

Maybe that's true. 아마 사실일 거야.

Maybe so 아마 그럴 테지요

me

[mi: 미] 뎀 나를, 나에게 <I의 목적격>

Bill gave me an apple.
빌이 나에게 사과를 줬다.

Give it to **me**
그거 내게 줘

meal meals

[mi:l 밀] 몡 식사, 한끼

Our meal is ready, so let's eat.
식사 준비 다 됐다. 먹자.

a three-course **meal**
세 코스로 된 식사

meat

[mi:t 미트] 몡 고기

This meat is tough. 이 고기는 질겨.

cook **meat** 고기를 요리하다

medal medals
[médl 메들] ⑧ 메달

She won three Olympic gold medals.
그녀는 올림픽 금메달을 세 개 땄다.

take the silver **medal**
은메달을 따다

meet met, met, meeting, meets
[miːt 미트] ⑧ 만나다

I met Eva yesterday.
나는 어제 에바를 만났다.

Nice to meet you.
만나서 반갑습니다.

meet a friend of mine
내 친구를 만나다

melon melons
[mélən 멜런] ⑲ 멜론

Melons are juicy and sweet.
멜론은 즙이 많고 달다.

a slice of **melon**
멜론 한 조각

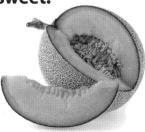

memory
[méməri 메머리] ⑲ 기억(력)

She has a bad memory.
그녀는 기억력이 나쁘다.

have good **memory**
암기력이 좋다

meter
[míːtər 미터] ⑲ 미터

The snow is one meter deep.
눈이 1미터나 쌓였다.

run a hundred **meters**
100미터를 달리다

middle
[mídl 미들] 명 중앙, 가운데 형 중간의

She sat on the middle chair.
그녀는 가운데 의자에 앉았다.

the **middle** of the road
도로의 중앙

milk
[milk 밀크] 명 우유

Milk is healthy food.
우유는 몸에 좋은 음식이다.

fresh **milk** 신선한 우유

a glass of milk   a bottle of milk   a carton of milk
우 유 한 잔   우 유 한 병   우 유 한 곽

million millions
[míljən 밀리언] 명 100만

Nine million people live here.
9백만 명의 사람들이 여기에 살고 있다.

an audience of **millions**
수 백 만 명의 청중

mind
[maind 마인드] 명 마음, 정신 ↔ **body** 신체 동 언짢아하다

Tell me what you have in mind.
마음에 두고 있는 것을 말해 보아라.

go out of your **mind**
정신이 나가다[미치다]

Keep in mind. 명심해.
Never mind.
신경쓰지 마세요.

mine

[main 마인] 때 나의 것; 나의 소유물 <1인칭 단수의 소유대명사>

This is his screw up, not mine.
이건 내가 아니고 그 애가 망쳐놓은 것이야.

a seat next **mine**
내 옆자리

minute minutes

[mínit 미닛] 명 분, 순간

It takes 15 minutes on foot.
걸어서 15분 걸린다.

five **minutes** past three
3시 5분

mirror mirrors

[mírər 미러] 명 거울

I'm looking for a mirror.
나는 거울을 찾고 있다.

look in a **mirror**
거울을 보다

miss missed, missed, missing, misses

[mis 미스] 명 ~양 <호칭> 동 그리워하다, 놓치다

Miss Grace, you are a good tutor.
그레이스 씨, 당신은 훌륭한 선생님이세요.

miss the chance
기회를 놓치다

I miss you. 네가 그리워.
He missed the bus.
그는 버스를 놓쳤다.

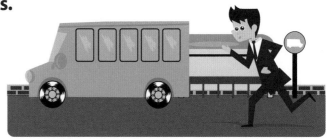

mistake mistakes
[mistéik 미스테익] 몡 실수, 잘못

That is my mistake.
그건 내 실수야.

excuse a **mistake**
실수를 용서하다

mix mixed, mixed, mixing, mixes
[miks 믹스] 동 (둘 이상의 것을) 섞다, 섞이다

Oil and water do not mix.
기름과 물은 섞이지 않는다.

mix sand with cement
모래와 시멘트를 섞다

model models
[mádl 마들] 몡 모형, 모델

The model is tall and handsome.
그 모델은 키가 크고 잘생겼다.

a new **model**
새로운 모델

mom moms
[mɑm 맘] 몡 엄마 = **mommy** ↔ **dad** 아빠

Mom is a woman of the house.
엄마는 주부이다.

a boy and his **mom**
한 소년과 그의 엄마

Monday
[mʌ́ndei 먼데이] 몡 월요일

Turn in your homework by Monday.
월요일까지 숙제를 하세요.

the **Monday** before last
지지난 주 월요일

money

[mʌ́ni 머니] 몡 돈

I need more money to buy it.

그것을 사기 위해 돈이 더 필요하다.

have some **money**

약간의 돈을 가지고 있다

coin 동전
[kɔin 코인]

● 국가별 폐 단위

(미국) **dollar** 달러 [dɑ́lər 달러]	(유럽) **euro** 유로 [júərou 유어로우]
(영국) **pound** 파운드 [paund 파운드]	(스위스) **franc** 프랑 [fræŋk 프랭크]
(중국) **yuan** 위안 [juːɑ́ːn 위안]	(인도) **rupee** 루피 [ruːpíː 루피]
(일본) **yen** 엔 [jen 엔]	(태국) **baht** 바트 [bɑːt 바트]

monkey monkeys

[mʌ́ŋki 멍키] 몡 원숭이

A monkey has a long tail.

원숭이는 꼬리가 길다.

a spider **monkey**

거미 원숭이

gorilla 고릴라
[gərílə 거릴러]

orangutan 오랑우탄
[ɔːrǽŋutæn 오랭우탠]

chimpanzee 침팬지
[tʃìmpænzíː 침팬지]

monster monsters

[mɑ́stər 몬스터] 몡 괴물

That monster was a horror to see.

그 괴물은 보기에 끔찍했다.

a three-headed **monster**

머리가 세 개인 괴물

month months
[mʌnθ 먼쓰] 몡 달, 월

There are twelve months in a year.
1년은 12개월이다.

last **month**
지난 달

March 3월
[mɑːrtʃ 마아치]

April 4월
[éiprəl 에이프럴]

May 5월
[mei 메이]

September 9월
[septémbər 쎕템버]

October 10월
[ɑktóubər 악토우버]

November 11월
[nouvémbər 노우벰버]

June 6월
[dʒuːn 준]

July 7월
[dʒuːlái 줄라이]

August 8월
[ɔ́ːgəst 오거스트]

December 12월
[disémbər 디쎔버]

January 1월
[dʒǽnjuèri 재뉴에리]

February 2월
[fébruèri 페브루에리]

moon
[muːn 문] 몡 달

The moon is shining brightly.
달이 밝게 빛나고 있다.

a trip to the **moon**
달 여행

full moon 보름달
[ful muːn 풀 문]

half moon 반달
[hæf muːn 해프 문]

crescent 초승달
[krésnt 크레슨트]

morning

[mɔ́ːrniŋ 모어닝] 몡 아침

I get up early every morning.
나는 매일 아침 일찍 일어난다.

Good morning. 안녕하세요. <아침 인사>

from **morning** till evening
아침부터 밤까지

most

[moust 모우스트] 휑 ❶ 대부분의 ❷ <보통 the most로> 가장 많은

Most shops are closed today.
대부분의 가게가 오늘 문을 닫았다.

the **most** votes
최고 득표

I have many books. 나는 많은 책을 가지고 있어요.
He has more books. 그는 더 많은 책을 가지고 있어요.
She has the most books.
그녀는 가장 많은 책을 가지고 있어요.

mother mothers

[mʌ́ðər 머더] 몡 어머니 ↔ **father** 아버지

My mother likes flowers.
나의 엄마는 꽃을 좋아한다.

a **mother** of three
세 아이의 어머니

mountain mountains

[máuntən 마운턴] 몡 산

She got lost in the mountains.
그녀는 산에서 길을 잃었다.

a high **mountain**
높은 산

mouth mouths
[mauθ 마우쓰] 명 입

Watch your mouth!
말조심 해!

a pretty mouth
예쁜 입

tooth 이
[tu:θ 투쓰]

tongue 혀
[tʌŋ 텅]

lips 입술
[lips 립스]

move moved, moved, moving, moves
[mu:v 무브] 동 움직이다

Don't move.
움직이지 마.

move the table
테이블을 옮기다

movie movies
[múːvi 무비] 명 영화

They are movie stars.
그들은 영화배우이다.

a movie theater
영화관

Mr.

[místər 미스터] 몡 ~씨, 님

May I speak to Mr. Kim?
김 선생님과 통화할 수 있을까요?

with the help of **Mr.** Kim
김 씨의 협조로

Mrs.

[mísiz 미시즈] 몡 ~씨, 부인

Mr. and Mrs. Kim have two sons.
김 선생님 부부는 아들이 둘 있다.

Mr. and **Mrs.** Kim
김 선생님 부부

Ms.

[miz 미즈] 몡 ~씨(미혼, 기혼의 구별이 없는 여성의 존칭)

Ms. Smith, are you listening to me?
스미스 씨, 내 말 듣고 있어요?

Ms. Parker
파커 양

much

[mʌtʃ 머치] 혱 많은 ↔ **little** 적은 (▶연관 lot, many, more, most)

Try not to talk too much.
말을 너무 많이 하지 마.

eat too **much**
너무 많이 먹다

● much, many, a lot of, lots of

모두 '많은'이란 뜻이지만 차이가 있어요.
much 다음에는 셀 수 없는 명사(양)가 와요. **much time, much money, much water**
many 다음에는 셀 수 있는 명사(수)가 와요. **many friends, many pencils, many children**
a lot of, lots of는 모두 사용할 수 있어요. **a lot of coffee, lots of friends.**

music

[mjúːzik 뮤직] 몡 음악

The music sounds sweet.
음악이 아름답다.

classical **music**
고전음악

must

[mʌst 머스트] 조 ~하지 않으면 안 된다, ~임에 틀림없다 = **have to** ~해야 한다

The story must be true.
그 이야기는 사실임에 틀림없어.

needs **must** do
반드시 해야 하다

I must do it now. 나 지금 그거 해야 해.

Must you do it now? 그걸 꼭 지금 해야만 해?
- No, I didn't have to. 아니, 꼭 해야 하는 건 아냐.

● must와 have to

must는 대단히 강한 의무인 '죽어도 ~해야만 한다', **have to**는 그보다는 조금 약한 '반드시 ~해야 한다'는 뜻이에요. 그래서 **must**는 경고문이나 법으로 정해진 규칙을 말할 때 많이 쓰고 일상생활에서는 **have to**를 더 많이 써요.
<충고의 정도> **have to** < **must**
You must go now. 넌 지금 반드시 가야만 해. (만일 지금 가지 않으면 무슨 일이 생길지 몰라.)
You have to go now. 너는 지금 반드시 가야 해. (후회 안 할려면 지금 가야지.)

my

[mai 마이] 때 나의(I의 소유격)

My computer is not booting up!
내 컴퓨터가 안 켜져!

my right eye
내 오른쪽 눈

Nn

nail <small>nails</small>
[neil 네일] 몡 (사람의) 손톱, 발톱

Cut your nails!
손톱 깎아라!

break a nail
손톱을 부러뜨리다

manicure 손톱 손질
[mǽnəkjùər 매너큐어]

nail clippers 손톱깎이
[neil klípərz 네일 클리퍼즈]

name
[neim 네임] 몡 이름

He didn't even know my name.
그는 내 이름조차 몰랐어.

call one's name
~의 이름을 부르다

What's your name? 너 이름이 뭐야?
- **My name is Kim Min-ho.** 내 이름은 김민호야.
- **My first name is Min-ho.** 이름은 민호야.
- **My family name is Kim.** 내 성은 김이야.

narrow
[nǽrou 내로우] 혱 (폭이) 좁은 ↔ **wide** 넓은

The belt was narrow and long.
그 벨트는 좁고 길었다.

a narrow river
좁은 강

near

[niər 니어] 형 가까운 ↔ **far** 먼

His house is very near.
그의 집은 아주 가깝다.

near the school
학교 근처에

neck necks

[nek 넥] 명 목

A giraffe has a long neck.
기린의 목은 길다.

a short **neck**
짧은 목

need needs / needed, needed, needing, needs

[niːd 니드] 명 필요 동 필요하다

I need a rest.
나는 휴식이 필요하다.

feel the **need**
~할 필요를 느끼다

neighbor neighbors

[néibər 네이버] 명 이웃, 이웃사람

He is my neighbor.
그는 나의 이웃이다.

my **nextdoor** neighbor
바로 옆집사람

never

[névər 네버] 부 결코 ~않다

Never do that again.
다시는 그러지 마.

never tell a lie
결코 거짓말을 하지 않는다

new

[nju: 뉴] 형 새로운 ↔ **old** 오래된

Tell me something new.
내게 새로운 얘기를 해 봐.

a **new** address
새로운 주소

news

[nju:z 뉴즈] 명 뉴스, 소식

That's great news.
그거 정말 반가운 소식인데요.

good **news**
좋은 소식

newspaper newspapers

[njú:zpèipər 뉴즈페이퍼] 명 신문, 신문지

Father is reading the newspaper.
아버지는 신문을 읽고 계신다.

an old **newspaper**
헌 신문지

next

[nekst 넥스트] 형 다음의 ↔ **last** 지난

The next singer came on.
다음 가수가 등장했다.

the **next** house
이웃집

nice

[nais 나이스] 형 좋은, 괜찮은

Have a nice day!
좋은 하루 되세요!

a **nice** song
좋은 노래

night

[nait 나이트] 몡 밤

She bathes every night.
그녀는 매일 밤 목욕한다.

late at **night**
밤늦게

nine

[nain 나인] 몡 9, 아홉

The first class begins at nine.
첫 수업은 9시에 시작한다.

nine o'clock bells
9시의 종

ninth 9번째
[nainθ 나인쓰]

19
nineteen 19
[náintíːn 나인틴]

90
ninety 90
[náinti 나인티]

no

[nou 노우] 戌 아니, 아니오

No, thanks. 아뇨, 괜찮습니다.

No parking 주차 금지

noise

[nɔiz 노이즈] 몡 소음

A noise alarmed the deer.
소음이 사슴을 놀라게 했다.

a loud **noise** 큰 소음

noon

[nuːn 눈] 몡 정오; 12시

We have lunch at noon.
우리는 정오에 점심을 먹는다.

meet at **noon**
정오에 만나다

north

[nɔːrθ 노어쓰] 몡 북쪽 휑 북쪽의 ↔ **south** 남쪽

Seoul is north of Busan.

서울은 부산의 북쪽에 있다.

north of the city

그 도시의 북쪽에

nose

[nouz 노우즈] 몡 코

Don't pick your nose! 코를 후비지 마라!

a long **nose** 긴 코

not

[nɑt 낫] 됭 ~아니다, ~않다

I'm not hot. (am not)

나는 덥지 않다.

I didn't eat lunch. (did not)

나는 점심을 먹지 않았다.

We won't go there. (will not)

우리는 거기에 가지 않을 것이다.

You aren't happy. (are not)

너는 행복하지 않다.

You weren't tired. (were not)

너희들은 피곤하지 않다.

She can't swim. (can not)

그녀는 수영을 할 수 없다.

She wasn't at home. (was not)

그녀는 집에 없다.

He isn't hungry. (is not)

그는 배고프지 않다.

He doesn't like it. (does not)

그녀는 그것을 좋아하지 않는다.

They don't sleep. (do not)

그들은 잠자지 않는다.

not always

항상 ~한 것은 아니다

163

note notes
[nout 노우트] 명 공책

I left the note.
나는 메모를 남겼다.

make a **note** of ~
~을 공책에 적다

November
[nouvémbər 노우벰버] 명 11월

It is the third of November today.
오늘은 11월 3일입니다.

on a cold **November**
night 11월의 추운밤에

now
[nau 나우] 부 지금, 현재

What are you doing now?
지금 뭐 해?

until **now**
지금까지

number numbers
[nʌ́mbər 넘버] 명 숫자, 번호

Seven is my favorite number.
7은 내가 가장 좋아하는 숫자이다.

count the **number**
숫자를 세다

nurse nurses
[nəːrs 너어스] 명 간호사

My sister is a nurse.
누나는 간호사예요.

a kind **nurse**
친절한 간호사

Oo

o'clock
[əklɑk 어클락] 몡 ~시

What time is it now? 지금 몇 시야?
- **It's three o'clock.** 3시야.
- **It's half past ten.** 10시 반이야.
- **It's a quarter past six.** 6시 15분이야.
- **It's ten to eight.** 8시 10분 전이야.

the seven **o'clock** train
7시 출발의 기차

October
[ɑktóubər 악토우버] 몡 10월

Hunguel Day is celebrated every October 9th.
매년 10월 9일은 한글날로 경축하고 있다.

early in **October**
10월 초에

of
[ʌv 어브] 몐 ~의

What's the title of the song?
그 노래의 제목이 뭐니?

a quarter **of** a cake
케이크의 4분의 1

off

[ɔːf 오프] (부) 떨어져서, 떼어져 ↔ **on** ~에 접하여

Take off the coat.
코트를 벗어라.

Turn off the light.
불을 꺼.

three miles **off**
3마일 떨어져서

office offices

[ɔ́ːfis 오피스] (명) 사무실

Bill went to the teacher's office.
빌은 교무실에 갔어.

go to the **office**
출근하다

often

[ɔ́ːfn 오픈] (부) 자주, 흔히

Often I miss breakfast.
나는 자주 아침을 거른다.

often come to see me
나를 자주 만나러 오다

oh

[ou 오우] (감) 오!

Oh, sorry.
오, 미안.

Oh dear!
아이고 맙소사!

oil

[ɔil 오일] (명) 기름, 석유

What kind of oil did you fry this in?
이거 어떤 기름에 튀기셨어요?

cooking **oil**
식용유

okay

[òukéi 오우케이] ㉧ 좋아! = **O.K.**

You have a great time, okay?
즐겁게 놀아라, 알았지?

Are you okay? 괜찮아?
- **No, I am not.** 아니.

old

[ould 오울드] ㉨ 낡은, 늙은 ↔ **new** 새로운, **young** 젊은

His uniform is old. 그의 유니폼은 낡았다.

an **old** coat 헌옷

How old is your brother? 네 동생은 몇 살이니?
- **He is nine years old.** 아홉 살이야.

on

[ɔːn 온] ㉙ ~위에, ~에 접하여 ↔ **off** ~에 떨어져

They are on the table.
그것들은 탁자 위에 있다.

bicycle **on** the road
도로 위의 자전거

once

[wʌns 원스] ㉫ 이전에, 한 번

She was an actress once.
그녀는 한때 배우였다.

once a week
일주일에 한 번

one

[wʌn 원] 형 한 사람의, 하나의, 한 개의 때 어떤 것, 어떤 사람

How much is this for one?
이건 하나에 얼마죠?

one more
하나 더(의)

Which food do you want? 어느 음식이 좋아?
- I want this one. 이걸로 할래.

onion onions

[ʌ́njən 어니언] 명 양파

Hold the onion from the soup.
수프에서 양파 빼주세요.

spring **onion** 파

only

[óunli 오운리] 형 유일한 부 겨우, 단지

You are my only friend. 너는 나의 유일한 친구이다.

eat **only** bread 빵만 먹다

open opened, opened, opening, opens

[óupən 오우픈] 형 열린 동 열다

Open your mouth. 입을 벌리세요.
Open the box. 상자를 열어요
Open your books to page 30. 30페이지를 펴세요.

an **open** door 열린 문

or

[ɔːr 오어] 접 또는, 혹은

Cash or credit card?
현금입니까, 신용카드입니까?

summer **or** winter
여름 또는 겨울

orange oranges
[ɔ́ːrindʒ 오린지] 몡 오렌지

Oranges are juicy. 오렌지는 즙이 많다.

orange peel 오렌지 껍질

other
[ʌ́ðər 어더] 혱 그 밖의, 다른

Do you have any other questions?
다른 질문은 없으세요?

other day 다른 날

Show me your other hand. 다른 손을 보여줘.

our
[auər 아워] 呾 우리의, 우리들의 <we의 소유격>

Jessie is a student in our school.
제시는 우리 학교 학생이다.

one of **our** number
우리들 가운데 한 명

ours
[auərz 아워즈] 呾 우리의 것 <we의 소유대명사>

Sam is a friend of ours. 샘은 우리의 친구이다.

all ours 우리가 가진 모든 것

out
[aut 아웃] 倛 밖으로 ↔ **in** 안으로

A dog ran out of the building.
강아지가 건물 밖으로 뛰쳐나왔다.

go **out** 밖으로 나가다

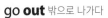

outside
[àutsáid 아웃싸이드] 倛 바깥에 ↔ **inside** 안쪽에

It's cold outside.
밖은 추워.

outside the window
창밖에

oven ovens
[ʌ́vən 어븐] 명 오븐

Take the cake out of the oven.
케이크를 오븐에서 꺼내라.

an electric **oven**
전기 오븐

over
[óuvər 오우버] 전 부 위에 ↔ **under** 아래에

The balloon is directly over.
기구가 바로 머리 위에 있다.

a bridge **over** the river
강 위에 놓인 다리

● above와 over의 차이

over는 수직 상승 바로 위, **above**는 바로 위가 아니어도 고도만 높으면 된다.
under는 바로 아래, **below**는 바로 아래가 아니어도 아래이기만 하면 된다.

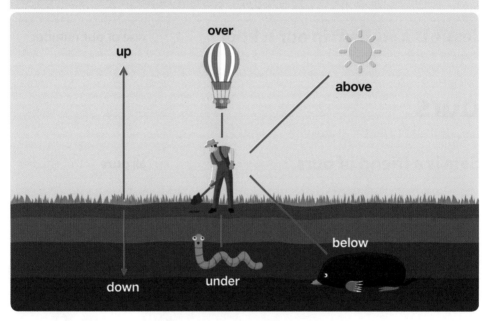

owl owls
[aul 아울] 명 올빼미

Hoot!
Hoot!

An owl hooted nearby.
어디 가까이에서 부엉이가 부엉부엉 울었다.

eagle **owl** 수리부엉이

Pp

page pages
[peidʒ 페이지] 몡 페이지, 쪽

We were on page 12.
12쪽입니다.

turn a **page**
페이지를 넘기다

paint painted, painted, painting, paints
[peint 페인트] 몡 물감, 페인트 통 칠하다

This paint comes off easily.
이 페인트는 쉽게 벗겨진다.

paint a wall 벽을 칠하다

painter 화가
[péintər 페인터]

painting 그림
[péitiŋ 페인팅]

pair pairs
[pɛər 페어] 몡 짝, 한 쌍

Where is the pair to this earring?
이 귀고리의 한 짝은 어디 있지?

a **pair** of shoes
신발 한 켤레

pan pans
[pæn 팬] 몡 납작한 냄비, 팬

Wipe the pan clean with a paper towel.
종이타월로 냄비를 깨끗이 닦아라.

frying **pan**
프라이팬

pants
[pænts 팬츠] 몡 바지

Henry is putting on his pants.
헨리가 바지를 입고 있다.

blue **pants**
청바지

paper
[péipər 페이퍼] 몡 종이

Paper tears easily.
종이는 쉽게 찢어진다.

a daily **paper**
일간지

pardon pardoned, pardoned, pardoning, pardons
[páːrdn 파아든] 몡 용서 동 용서하다

I will not pardon you.
나는 너를 용서하지 않을 거야.

pardon one's mistake
~의 잘못을 용서하다

parents
[péərənts 페어런츠] 몡 부모님, 학부모

My parents live in Seoul.
부모님께서는 서울에 사신다.

respect my **parents**
부모님을 존경하다

park parks
[paːrk 파아크] 몡 공원

Keep the park clean.
공원을 깨끗이 합시다.

walk in a **park**
공원을 걷다

party parties
[páːrti 파아티] 몡 파티

Welcome to our party!
우리 파티에 잘 오셨습니다.

Welcome!

hold a party
파티를 열다

pass passed, passed, passing, passes
[pæs 패스] 통 지나가다, 통과하다

Please pass on.
지나가십시오.

pass the exam
시험에 합격하다

pay paid, paid, paying, pays
[pei 페이] 통 지불하다, 지급하다

Can I pay later?
나중에 지불해도 될까요?

pay in cash
현금으로 지불하다

peace
[piːs 피스] 몡 평화 ↔ **war** 전쟁

They work for the world peace.
그들은 세계 평화를 위해 일한다.

love peace
평화를 사랑하다

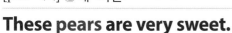

pear pears
[pɛər 페어] 몡 배 <과일>

These pears are very sweet.
이 배들은 정말 달다.

a juicy pear
즙이 많은 배

pen pens
[pen 펜] 몡 펜

May I use your pen?
펜을 써도 되겠니?

a fountain **pen**
만년필

pencil pencils
[pénsl 펜슬] 몡 연필

I like to draw with a pencil.
나는 연필로 그림 그리는 걸 좋아해요.

write with a **pencil**
연필로 쓰다

people
[píːpl 피플] 몡 사람들

People drink water everyday.
사람들은 매일 물을 마신다.

many **people**
많은 사람들

person people
[pə́ːrsn 퍼어슨] 몡 사람, 인간

He is a bad person.
그는 나쁜 사람이다.

an honest **person**
정직한 사람

pet pets
[pet 펫] 몡 귀여워하는 동물, 애완동물

I want to raise a pet dog.
나는 애완견을 기르고 싶다.

keep a **pet**
애완동물을 기르다

piano pianos

[piǽnou 피애노우] 몡 피아노

I can play the piano.
난 피아노를 칠 수 있어.

practice at the **piano**
피아노를 연습하다

pick picked, picked, picking, picks

[pik 픽] 동 따다, 뽑다, 찍다

Grapes pick easily. 포도는 따기 쉽다.

pick flowers 꽃을 꺾다

picnic picnics

[píknik 피크닉] 몡 소풍

This is the best place for a picnic.
이곳이 피크닉 장소로 가장 좋아요.

a **picnic** in the park
공원에서의 소풍

picture pictures

[píktʃər 픽처] 몡 그림, 사진

Jenny likes to draw a picture.
제니는 그림 그리는 것을 좋아한다.

draw a **picture**
그림을 그리다

piece pieces

[pi:s 피스] 몡 조각

Bill is eating a piece of pie.
빌이 파이 한 조각을 먹고 있다.

a **piece** of bread
빵 한 조각

a piece of apple pie
애플파이 한 조각

a piece of choco cake
초코케이크 한 조각

pig pigs
[pig 피그] 명 돼지

This pig is very fat.
이 돼지는 매우 살이 쪘다.

make a **pig** of oneself
돼지같이 먹다

pillow pillows
[pílou 필로우] 명 베개

The pillow is on the bed.
베개가 침대 위에 있다.

a **pillow** cover
베개 커버

pilot pilots
[páilət 파일럿] 명 조종사

I want to become a pilot.
나는 조종사가 되고 싶다.

an old **pilot**
나이든 조종사

pin pins
[pin 핀] 명 핀

The pin scratched my arm.
나는 핀에 팔이 긁혔다.

a safety **pin**
안전핀

pine pines
[pain 파인] 명 소나무

Pines are green.
소나무는 푸르다.

a **pine** forest
소나무 숲

pink
[piŋk 핑크] 명 분홍색 형 분홍색의

He wore a pink shirt.
그는 분홍색 셔츠를 입었다.

a **pink** dress
분홍색 드레스

pipe pipes
[paip 파이프] 몡 관, 파이프

That pipe leaks gas. 저 관은 가스가 샌다.

a long **pipe** 긴 파이프

pizza pizzas
[píːtsə 핏처] 몡 피자

I love pizza. I'm dying for it!
난 피자를 엄청 좋아해!

a takeout **pizza**
테이크아웃 피자

ham 햄
[hæm 햄]

mushroom 버섯
[mʌʃruːm 머쉬룸]

tomato 토마토
[təméitou 터메이토우]

shrimp 새우
[ʃrimp 쉬림프]

bacon 베이컨
[beikən 베이컨]

green pepper 피망
[griːn pépər 그린 페퍼]

place
[pleis 플레이스] 몡 장소

She lives in a pretty place.
그녀는 아름다운 곳에 산다.

a **place** of meeting
모이는 장소

plan plans
[plæn 플랜] 몡 계획

The plan is out. 그 계획은 실행 불가능하다.

make **plan** 계획을 세우다

plane planes
[plein 플레인] 몡 비행기

The plane landed safely.
비행기는 안전하게 착륙했다.

a passenger **plane**
여객기

plant plants
[plænt 플랜트] 몡 식물

Henry's plant is dying.
헨리의 식물이 시들고 있다.

a wild **plant**
야생 식물

plastic
[plǽstik 플래스틱] 혱 플라스틱으로 만든 몡 플라스틱

Plastic can be produced from oil.
플라스틱은 석유로 만들 수 있다.

a **plastic** bucket
플라스틱 양동이

play played, played, playing, plays
[plei 플레이] 몡 놀이 동 놀다

Play outside the house.
집 밖에서 놀아라.

study and **play**
공부와 놀이

playground playgrounds
[pléigràund 플레이그라운드] 몡 놀이터; (학교의) 운동장

There are many students on the playground.
운동장에 많은 학생들이 있다.

a school **playground**
학교 운동장

please pleased, pleased, pleasing, pleases
[pliːz 플리즈] 閉 부디, 제발 동 기쁘게 하다

Please forgive me.
제발 나를 용서하세요.

please highly
크게 만족시키다

pocket pockets
[pákit 파킷] 몡 주머니

The coin is in his pocket.
동전이 그의 주머니에 있다.

a pants **pocket**
바지 주머니

point pointed, pointed, pointing, points
[pɔint 포인트] 몡 점, 요점 동 가리키다

I agree with him on that point.
나는 그 점에서 그의 의견에 동의해요.

the **point** of her talk
이야기의 요점

police
[pəlíːs 펄리스] 몡 경찰

Jenny's mother is a police officer.
제니 엄마는 경찰관이에요.

call a **police**
경찰을 부르다

pool pools
[puːl 풀] 몡 풀장, 웅덩이

The pool is crowded.
수영장이 붐빈다.

swim in the pool
풀장에서 수영하다

poor
[puər 푸어] 혱 가난한

He was born poor.
그는 가난한 집에서 태어났다.

poor people
가난한 사람들

popcorn popcorns
[pápkɔ̀ːrn 팝코온] 몡 팝콘, 튀긴 옥수수

I always bring popcorn to the movies.
난 영화 볼 때 팝콘을 즐겨 먹어.

pop (some) popcorn
팝콘을 튀기다

post posts
[poust 포우스트] 몡 우편, 기둥

I live opposite the post office.
나는 우체국 맞은편에 살고 있다.

post office 우체국

poster posters
[póustər 포우스터] 몡 포스터

I fixed a poster on the wall.
나는 벽에 포스터를 붙였다.

potato potatoes

[pətéitou 퍼테이토우] 몡 감자

Henry peels a potato.

헨리는 감자 껍질을 벗기고 있다.

fry **potatoes**

감자를 튀기다

power

[páuər 파워] 몡 힘

They lost the power to walk.

그들은 걸을 힘을 잃었다.

have **power**

파워가 세다

practice practiced, practiced, practicing, practices

[præktis 프랙티스] 몡 연습 동 연습하다

I think I'll practice some more.

난 연습이나 더 할게.

a **practice** game

연습 경기

present presents

[preznt 프레즌트] 몡 선물

It's your birthday present.

네 생일 선물이야.

a Christmas **present**

크리스마스 선물

pretty

[príti 프리티] 형 예쁜

What a pretty dress!
정말 예쁜 드레스예요!

a **pretty** dol
예쁜 인형

● 감탄문

감탄문은 감정(기쁨, 슬픔, 놀람 등)을 나타내는 데 쓰는 말이에요. 감탄문에는 두 가지 형식이 있어요.
① **What a beautiful picture this is**! 이 그림은 정말 아름답구나! ② **How beautiful this picture is**! 이 그림은 정말 아름답구나! ①은 **What** + **a[an]** + 형용사 + 명사 (+ 주어 + 동사)!
②는 **How** + 형용사[부사] (주어 + 동사)! 라는 형태입니다. 이렇게 외워보세요.
- 왓어(**What a**) 형명주동 - 하우(**How**) 형부주동 참 쉽죠~

price

[prais 프라이스] 명 가격, 값

What is the price of this book?
이 책값은 얼마예요?

a cash **price**
현금 가격

prince princes

[prins 프린스] 명 왕자 ↔ **princess**

He is dreaming to be a prince.
그는 왕자가 되길 꿈꾸고 있다.

the **prince** of comedy
코미디계의 왕자

princess princesses

[prínses 프린쎄스] 명 공주 ↔ **prince**

My friends say that I have a princess complex.
친구들이 나를 공주병이라고 불러요.

a beautiful **princess**
아름다운 공주

print printed, printed, printing, prints
[print 프린트] (동)인쇄하다

This book has clear print.
이 책은 인쇄가 선명하다.

print posters
포스터를 인쇄하다

problem problems
[prábləm 프라블럼] (명)문제

What's the problem?
무슨 문제라도 있니?

an easy **problem**
쉬운 문제

pull pulled, pulled, pulling, pulls
[pul 풀] (동)끌다, 잡아당기다

Billy pulls the wagon.
빌리가 수레를 끈다.

pull dog's tail
개의 꼬리를 잡아당기다

push pushed, pushed, pushing, pushes
[puʃ 푸쉬] (동)밀다

Don't push at the back.
뒤에서 밀지 마세요.

push-up 엎드려팔굽혀펴기

put put, put, putting, puts
[put 풋] (동)두다

Where did you put my shoes?
내 신발을 어디 두셨어요?

put a box on the desk
상자를 책상 위에 놓다

Qq

queen queens
[kwi:n 퀸] 명 여왕

The queen has a crown on her head.
여왕은 머리에 왕관을 쓰고 있다.

a beautiful **queen**
아름다운 여왕

question questions
[kwéstʃən 퀘스천] 명 질문

May I ask you a question?
질문 하나 해도 될까요?

ask a **question**
질문하다

Do you have any question? 질문 있어요?

quick
[kwik 퀵] 형 빠른, 급속한 ↔ **slow** 느린

He is quick in action.
그는 행동이 빠르다.

a **quick** movement
빠른 동작

quiet
[kwáiət 콰이엇] 형 조용한 ↔ **noisy** 시끄러운

She is quiet in action.
그녀의 행동은 조용하다.

a **quiet** room
조용한 방

Rr

rabbit rabbits
[rǽbit 래빗] 뗑 토끼

I was born in the Year of the Rabbit.
난 토끼띠야.

a wild **rabbit**
야생 토끼

race
[reis 레이스] 뗑 경주, 레이스

I was last in the race.
나는 달리기에서 꼴찌로 들어왔다.

lead in a **race**
경기에서 앞서다

radio radios
[réidioù 레이디오우] 뗑 라디오

Turn down the radio.
라디오 소리를 줄여라.

listen to the **radio**
라디오를 듣다

rain rained, rained, raining, rains
[rein 레인] 명 비 동 비가 오다

The rain has stopped.
비가 그쳤다.

a heavy **rain**
폭우

rainbow rainbows
[reinbou 레인보우] 명 무지개

There is a rainbow over the mountain.
그 산 위에 무지개가 있다.

a beautiful **rainbow**
아름다운 무지개

read read, read, reading, reads
[riːd 리드] 동 읽다

He can read French.
그는 프랑스어를 읽을 수 있다.

read a newspaper
신문을 읽다

ready
[rédi 레디] 형 준비된

Are you ready?
준비 됐나요?

be **ready** to go to school
학교에 갈 준비가 되어 있다

real
[ríːəl 리얼] 형 실제의

It looks like a real unicorn.
그것은 실제 유니콘처럼 생겼습니다.

a **real** jewel
진짜 보석

record recorded, recorded, recording, records

[rikɔ́ːrd 리코어드] ⑧ 기록하다

He kept a record of his trip.
그는 자신의 여행을 기록했다.

record a song on tape
노래를 테이프에 녹음하다

red reds

[red 레드] ⑲ 빨강 ⑳ 빨간색의

A fire engine is red.
소방차는 빨간 색이다.

a **red** dress
빨간 드레스

relax relaxed, relaxed, relaxing, relaxes

[riláeks 리랙스] ⑧ 늦추다, 쉬다

I tried to stay relaxed.
긴장을 풀려고 노력했다.

relax one's arms
팔에 힘을 빼다

remember remembered, remembered, remembering, remembers

[rimémbər 리멤버] ⑧ 기억하다

I'll always remember you.
항상 너를 기억할게.

remember one's name
~의 이름을 기억하다

repeat repeated, repeated, repeating, repeats

[ripíːt 리피트] ⑧ 반복하다

Could you repeat that?
다시 한 번 말씀해 주시겠습니까?

repeat news
뉴스를 반복하다

rest rested, rested, resting, rests
[rest 레스트] 몡 휴식 동 쉬다

Rest for a while.
잠시 쉬어라.

an hour's **rest**
1시간의 휴식

restaurant restaurants
[réstərənt 레스터런트] 몡 식당

The restaurant was so crowded.
그 식당은 꽤 붐비었다.

eat at a **restaurant**
식당에서 식사를 하다

return returned, returned, returning, returns
[ritə́ːrn 리터언] 동 되돌아가다

She will return soon.
그녀는 곧 돌아올 것이다.

return home
집에 돌아가다

ribbon ribbons
[ríbən 리번] 몡 리본

She has a red ribbon in her hair.
그녀는 빨간 머리띠를 하고 있다.

a yellow **ribbon**
노란 리본

rice
[rais 라이스] 몡 쌀, 밥

The Koreans eat rice.
한국인은 쌀[밥]을 먹는다.

cook **rice**
밥을 짓다

rich

[ritʃ 리치] 혱 부유한 ↔ **poor** 가난한

He is a rich man.
그는 부자이다.

a **rich** father
부자 아버지

ride rode, ridden, riding, rides

[raid 라이드] 동 타다

Can you ride a bicycle?
자전거 탈 수 있니?

ride on a train
기차를 타다

right

[rait 라이트] 몡 오른쪽 혱 옳은 ↔ **wrong** 잘못된, 틀린

She was perfectly right.
그녀가 전적으로 옳았다.

my **right** arm
나의 오른팔

ring rings

[riŋ 링] 몡 반지, 고리

She put a ring on her finger.
그녀는 손가락에 반지를 끼었다.

a diamond **ring**
다이아몬드 반지

rise rose, risen, rising, rises

[raiz 라이즈] 동 (해·달이) 뜨다 ↔ **set** 지다

The sun rises in the east.
해는 동쪽에서 뜬다.

at **rise** of sun 해가 뜰 때에

compass 나침판
[kʌmpəs 컴퍼스]

river rivers
[rívər 리버] 몡 강

The river is wide.
그 강은 넓다.

swim across a **river**
강을 헤엄쳐 건너다

road roads
[roud 로우드] 몡 길

My house is across the road.
우리 집은 길 건너편에 있다.

car on the **road**
도로 위의 차

robot robots
[róubət 로우벗] 몡 로봇

I wish for a robot.
나는 로봇이 갖고 싶어요.

a toy **robot**
장난감 로봇

rock
[rak 락] 몡 바위

The ship struck a rock.
배가 바위에 부딪쳤다.

a big **rock**
큰 바위

rocket rockets
[rákit 라킷] 몡 로켓

The rocket was launched.
로켓이 발사되었다.

a space **rocket**
우주 로켓

roll rolled, rolled, rolling, rolls

[roul 로울] 동 구르다, 말다

The dog is rolling in the dust.
개가 먼지 속에서 뒹굴고 있다.

roll in the bed
침대에서 뒹굴다

roof roofs

[ru:f 루프] 명 지붕

The roof slopes.
지붕은 비탈져 있다.

a tiled **roof**
기와지붕

room rooms

[ru:m 룸] 명 방

Flowers brighten a room.
꽃은 방을 밝게 한다.

a children's **room**
어린이 방

root roots

[ru:t 루트] 명 뿌리

The tree has taken root.
나무가 뿌리를 내렸다.

root up a tree
나무를 뿌리째 뽑다

rose roses

[rouz 로우즈] 명 장미

This rose smells sweet.
이 장미는 향기가 좋다.

a red **rose**
빨간 장미

round
[raund 라운드] 혱둥근

We believe that the earth is round.
우리는 지구가 둥글다는 것을 믿는다.

a **round** table
둥근 탁자

ruler rulers
[rú:lər 룰러] 몡자

Can I use your ruler?
자 좀 써도 되겠니?

a graduated **ruler**
눈금자

run ran, run, running, runs
[rʌn 런] 동달리다

Horses run fast.
말은 빨리 달려요.

run 100 meters
100미터를 달리다

Ss

sad

[sæd 쌔드] 형 슬픈 ↔ **glad** 기쁜, 좋은

The clown looks sad.

그 광대는 슬퍼 보여요.

a **sad** story

슬픈 이야기

safe

[seif 쎄이프] 형 안전한 ↔ **dangerous** 위험한

It is safe to wear a helmet.

헬멧을 쓰는 것은 안전하다.

a **safe** place

안전한 장소

salad

[sǽləd 쌜러드] 명 샐러드

Bill ordered some spaghetti and salad.

빌은 스파게티와 샐러드를 주문했다.

a green **salad**

야채샐러드

salt

[sɔːlt 쏠트] 명 소금

Sea water is salt water.

바닷물은 소금물이다.

put **salt** in the soup

수프에 소금을 넣다

same

[seim 쎄임] 🔲 같은 ↔ **different** 다른

We live in the **same** area.
우리는 같은 동네에 산다.

the **same** age
같은 나이

sand sands

[sænd 쌘드] 🔲 모래

We built a **sand** castle.
우리들은 모래성을 쌓았다.

a white **sand**
하얀 모래

sandwich sandwiches

[sǽndwitʃ 쌘드위치] 🔲 샌드위치

Two hot dogs and a **sandwich**, please.
핫도그 두 개와 샌드위치 하나 주세요.

a cheese **sandwich**
치즈 샌드위치

Saturday

[sǽtəːrdèi 쌔터어데이] 🔲 토요일

My birthday is on **Saturday** this year.
올해 내 생일은 토요일이야.

on **Saturday** evening
토요일 저녁에

sausage sausages

[sɔ́ːsidʒ 쏘씨지] 🔲 소시지

Put **sausage** on top of bread.
소시지를 빵 위에 얹으세요.

ham **sausage**
햄소시지

say said, said, saying, says
[sei 쎄이] ⑤ 말하다

Please say that again.
다시 한 번 말씀해 주세요.

say about the TV **program**
TV 프로그램에 대해서 말하다

school schools
[sku:l 스쿨] ⑲ 학교

School begins at eight thirty.
학교는 8시 반에 시작된다.

a **school** on the hill
언덕 위의 학교

science
[sáiəns 싸이언스] ⑲ 과학

We study science at school.
우리는 학교에서 과학을 공부한다.

a book on **science**
과학 책

score
[skɔ:r 스코어] ⑲ 점수

The score was three to five.
점수는 3대 5였다.

a perfect **score**
만점

sea

[siː 씨] 몡 바다

The sea was smooth.
바다는 잔잔했다.

a deep **sea** 깊은 바다

season seasons

[síːzn 씨즌] 몡 계절

Apples are in season now.
사과는 지금이 제철이다.

the summer **season**
여름철

spring 봄
[spriŋ 스프링]

summer 여름
[sʌ́mər 썸머]

fall / autumn 가을
[fɔːl 폴 / ɔ́ːtəm 오텀]

winter 겨울
[wíntər 윈터]

seat seats

[siːt 씨트] 몡 의자, 좌석

I'll sit in the front seat.
앞자리에 앉겠습니다.

take a **seat**
자리에 앉다

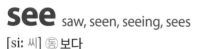

see saw, seen, seeing, sees

[si: 씨] 동 보다

You can see stars in the country.
시골에서는 별을 볼 수 있어.

see into the room
방안을 들여다 보다

sell sold, sold, selling, sells
[sel 쎌] 동 팔다 ↔ buy 사다

Grandma sells apples.
할머니가 사과를 파신다.

sell a car
자동차를 팔다

send sent, sent, sending, sends
[send 쎈드] 동 보내다

I send her a letter.
나는 그녀에게 편지를 보낸다.

send him a card
그에게 카드를 보내다

September
[septémbər 쎕템버] 명 9월

The fall semester begins in September.
가을 학기는 9월에 시작한다.

from June until
September
6월부터 9월까지

service serviced, serviced, servicing, services
[sə́:rvis 써어비스] 명 봉사, 도움 동 봉사하다

I will do my service to my country.
나는 나라에 봉사할 생각이다.

go into **service**
봉사[근무]하다

set set, set, setting, sets
[set 쎘] 동 놓다, (식탁을) 차리다

Mother set the table for dinner.
어머니께서 저녁 식사를 차렸다.

set a vase on the table
탁자 위에 꽃병을 놓다

seven

[sévən 쎄븐] 몡 7, 일곱

Andy lived in New York seven years ago.
앤디는 7년 전에 뉴욕에 살았다.

seven apples
사과 일곱 개

seventh 7번째
[sévnθ 쎄븐씩]

seventeen 17
[sévəntíːn 쎄븐틴]

seventy 70
[sévənti 쎄븐티]

shall

[ʃæl 섈] 조 ~일(할) 것이다, ~하기로 되어 있다

I shall start tomorrow.
나는 내일 출발하겠다.

shape

[ʃeip 셰입] 몡 모양

What shape is it?
그것은 어떤 모양입니까?

a round **shape**
둥근 모양

circle
[sɜːrkl
서어클]
동그라미

heart
[haːrt
하아트]
하트

star
[staːr
스타아]
별

square
[skwɛəːr
스퀘어]
네모

she

[ʃiː 쉬] 대 그녀 몡 여자, 암컷

She paints well.
그녀는 그림을 잘 그린다.

a **she**-goat
암 염소

sheep sheep
[ʃiːp 쉽] 명 양

He keeps his sheep.
그는 양을 지키고 있다.

sheep graze
양들이 풀을 뜯다

sheet sheets
[ʃiːt 쉬트] 명 시트, 장(종이)

She bought a light blue sheet.
그녀는 옅은 파란 색 시트를 샀다.

a **sheet** of paper
종이 한 장

ship ships
[ʃip 쉽] 명 배

The ship is sinking.
배가 가라앉고 있다.

sail on a **ship**
배로 항해하다

shirt shirts
[ʃəːrt 셔어트] 명 셔츠

Henry is ironing his shirt.
헨리는 셔츠를 다리고 있다.

a gray **shirt**
회색 셔츠

shoe shoes
[ʃuː 슈] 명 신발

I had my shoes mended.
나는 구두를 수선했다.

new **shoes**
새 신발

a shoe repairman
구두 수선공

shoot shot, shot, shooting, shoots
[ʃuːt 슈트] 동 쏘다

Don't move, or I'll shoot you.
꼼짝 마, 움직이면 쏜다.

shoot an arrow
활을 쏘다

shop shops
[ʃɑp 샵] 명 가게 = **store**

The shop closes at five.
그 가게는 다섯 시에 닫는다.

a gift **shop**
선물가게

short
[ʃɔːrt 쇼어트] 형 짧은 ↔ **long** 긴

Fall seems short.
가을은 짧은 것 같다.

a **short** story
짧은 이야기

should
[ʃud 슈드] 조 <**shall**의 과거> ❶ ~일(할) 것이다 ❷ ~해야 한다

I thought that I should win the prize.
나는 상을 탈 것이라고 생각했다.

if it **should** rain
만일 비가 오면

You should help him.
너는 그를 도와야 해.

shoulder shoulders
[ʃóuldər 쇼울더] 명 어깨

He tapped me on the shoulder.
그는 내 어깨를 가볍게 툭 쳤다.

broad **shoulders**
넓은 어깨

shout shouted, shouted, shouting, shouts
[ʃaut 샤우트] ⑧ 외치다

Don't shout!
소리치지 마!

shout one's name
~의 이름을 큰소리로 부르다

show showed, shown, showing, shows
[ʃou 쇼우] ⑧ 나타내다, 보이다

Show me your hands.
네 손을 보여줘.

show the picture
그림을 보여 주다

shower
[ʃáuər 샤워] ⑲ 소나기, 샤워

Henry is taking a shower.
헨리는 샤워를 하고 있다.

take a **shower**
샤워하다

shut shut, shut, shutting, shuts
[ʃʌt 셧] ⑧ 닫다, 잠그다 ↔ **open** 열다

The door is shut.
문이 닫혀 있다.

shut the door
문을 닫다

sick
[sik 씩] ⑲ 아픈 = **ill**

I was sick yesterday.
나는 어제 아팠어요.

a **sick** girl
아픈 소녀

side
[said 싸이드] 몡 옆, 측면 혱 측면의

We walk side by side.
우리는 나란히 걷는다.

one **side** of the road
길 한쪽

sign signs
[sain 싸인] 몡 기호, 서명

Mark the plus sign.
플러스 기호(+)를 표시해라.

sign a letter
편지에 서명하다

silent
[sáilənt 싸일런트] 혱 조용한, 침묵의

You must keep silent.
너희들은 잠자코 있어야 한다.

sit **silent**
잠자코 앉아 있다

silver
[sílvər 씰버] 몡 은

Much jewelry is made from silver.
많은 보석이 은으로 만들어진다.

a **silver** plate
은 접시

simple
[símpl 씸플] 혱 간단한, 쉬운

The problem was simple.
그 문제는 간단했다.

a **simple** problem
간단한 문제

sing sang, sung, singing, sings
[siŋ 씽] 동 노래하다

She sings great.
그녀는 노래를 잘한다.

sing a song
노래를 부르다

sir
[səːr 써어] 명 ~씨, 손님

Do you have a reservation, sir?
손님, 예약하셨습니까?

sister sisters
[sístər 씨스터] 명 여자 형제, 언니, 여동생

My sister resembles me.
내 여동생은 나와 닮았다.

my big sister
우리 언니

sit sat, sat, sitting, sits
[sit 씻] 동 앉다

Sit up straight.
똑바로 앉아라.

sit on a chair
의자에 앉다

six
[siks 씩스] 명 6, 여섯

Six were present, including the teacher.
선생님을 포함하여 6명이 출석하였다.

six feet in height
높이 6피트

sixth 6번째
[síksθ 씩스쓰]

sixteen 16
[síkstíːn 씩스틴]

sixty 60
[síksti 씩스티]

size

[saiz 싸이즈] 명크기

Do you have a small size?
작은 사이즈 있나요?

the **size** of the window
창문의 크기

skate skates

[skeit 스케이트] 동스케이트를 타다

Can you skate?
너 스케이트 탈 줄 아니?

skate on a lake
호수에서 스케이트를 타다

skateboard 스케이트보드
[skéitbɔ̀ːrd 스케이트보어드]

ski skied, skied, skiing, skis

[skíː 스키] 동스키를 타다 명스키

They go skiing every winter.
그들은 해마다 겨울에는 스키를 타러 간다.

the **ski** jump
스키 점프

skirt skirts

[skəːrt 스커어트] 명치마, 스커트

She wants to wear a skirt.
그녀는 스커트를 입고 싶어 한다.

a short **skirt**
짧은 치마

sky

[skai 스카이] 명하늘

The sun has climbed the sky.
태양이 하늘 높이 떠올랐다.

a clear **sky**
맑은 하늘

sleep slept, slept, sleeping, sleeps
[sliːp 슬립] 통 자다

Owls sleep in the daytime.
올빼미는 낮에 잠을 잔다.

sleep well
잘 자다

● sleep, sleepy, asleep

sleep 잠자다, **sleepy** 졸린, **asleep** 잠자는,
sleep은 동사이고 **sleepy**와 **asleep**은 형용사예요.
asleep는 형용사이지만 **fall asleep** 같이 동사 뒤에 와서 '잠들다'라는 표현으로 많이 쓰이고,
sleepy는 **sleepy voice** '졸린 목소리' 같이 명사를 꾸며줍니다.

slide slides / slid, slid, sliding, slides
[slaid 슬라이드] 명 미끄럼틀 동 미끄러지다

There is a slide on the playground.
운동장에는 미끄럼틀이 있다.

slide on the ice
얼음 위에서 미끄러지다

slow
[slou 슬로우] 형 느린 ↔ **fast** 빠른

Turtles are slow.
거북이는 느리다.

walk at a **slow** pace
느린 속도로 걷다

small
[smɔːl 스몰] 형 작은 ↔ **large, big** 큰

His store is small.
그의 가게는 규모가 작다.

a **small** animal
작은 동물

smell smelled, smelled, smelling, smells
[smel 스멜] 명 냄새 동 냄새맡다, 냄새나다

There was a smell of burning.
타는 냄새가 났다.

smells sweet
달콤한 냄새가 나다

smile smiled, smiled, smiling, smiles
[smail 스마일] 명 미소 동 웃다

A smile came to his lips.
그의 입술에 미소가 떠올랐다.

hide a **smile**
웃음을 참다

smoke smoked, smoked, smoking, smokes
[smouk 스모욱] 명 연기 동 담배 피우다

You may not smoke here.
여기에서 담배를 피워선 안 된다.

cigarette **smoke**
담배 연기

snail snails
[sneil 스네일] 명 달팽이

He is as slow as a snail.
그는 달팽이처럼 느릿느릿하다.

a **snail** shell
달팽이 껍데기

snake snakes
[sneik 스네익] 명 뱀

My cousin has a pet snake.
내 사촌은 애완용 뱀을 갖고 있어.

be bitten by a **snake**
뱀에 물리다

snow snowed, snowed, snowing, snows

[snou 스노우] 몡 눈 몽 눈이 오다

Much snow has fallen.

많은 눈이 내렸다.

a heavy **snow** 폭설

so

[sou 쏘우] 튄 정말(로), 너무나 젭 그래서, 그렇게

I'm so glad to see you.

만나서 정말로 기뻐.

so many

그렇게 많이

So I could see him.

그래서 나는 그를 만날 수 있었다.

soap

[soup 쏘웁] 몡 비누

Wash your hands with soap.

비누로 손을 씻어라.

wash with **soap**

비누로 씻다

soccer

[sákər 싸커] 몡 축구

He plays soccer on Saturday afternoon.

그는 토요일 오후에는 축구를 한다.

a **soccer** ball

축구공

socks

[sɑks 싹스] 명 양말

He bought a pair of new socks.
그는 새 양말 한 켤레를 샀다.

a pair of **socks**
양말 한 켤레

sofa sofas

[sóufə 쏘우퍼] 명 소파

The cat is sleeping on the sofa.
고양이가 소파에서 자고 있다.

a **sofa** bed
소파 겸용 침대

soft

[sɔːft 쏘프트] 형 부드러운 ↔ **hard** 딱딱한

This pillow feels very soft.
이 베개는 매우 부드럽다.

a **soft** bed
포근한 침대

some

[sʌm 썸] 형 약간의

Drink some milk.
우유를 조금 마셔라.

some flowers
약간의 꽃

son sons

[sʌn 썬] 명 아들 ↔ **daughter** 딸

Her son is thirteen years old.
그녀의 아들은 13살입니다.

a **son** or daughter
아들 혹은 딸

song songs
[sɔːŋ 쏭] 똉 노래

Ally sings a song.
앨리가 노래를 부른다.

a popular **song**
인기 있는 노래

soon
[suːn 쑨] 똏 곧

Walking soon tires me.
나는 걸으면 곧 피곤해진다.

finish the homework **soon**
일찍 숙제를 끝내다

sorry
[sɔ́ːri 쏘리] 똇 미안한, 유감스러운

I am sorry I am late.
늦어서 미안해요.

sorry about
~에 대해 유감스러운

sound
[saund 싸운드] 똉 소리

The ear reacts to sound.
귀는 소리에 반응한다.

a big **sound**
큰 소리

soup
[suːp 쑵] 똉 수프

This soup is too thin.
이 수프는 너무 묽다.

vegetable **soup**
야채수프

south

[sauθ 싸우쓰] 명 남쪽 ↔ **north** 북쪽

We traveled toward the south.
우리는 남쪽을 향해 여행했다.

a **south** gate
남쪽 문

north

south

space

[speis 스페이스] 명 공간, 우주

He is interested in space.
그는 우주에 관심이 있다.

open **space**
빈 공간

speak spoke, spoken, speaking, speaks

[spi:k 스픽] 동 말하다

She can speak good English.
그녀는 영어를 잘 한다.

speak English
영어를 말하다

speech

[spíːtʃ 스피치] 명 연설

He made a speech in English.
그는 영어로 연설을 했다.

a short **speech**
짧은 연설

speed

[spi:d 스피드] 명 속도

He ran away at top speed.
그는 최고 속도로 달아났다.

top **speed**
최고 속도

spell spelt, spelt, spelling, spells
[spel 스펠] 동 철자를 쓰다

How do you spell your name?
이름은 어떻게 씁니까?

spell one's name
~의 이름 철자를 쓰다

spend spent, spent, spending, spends
[spend 스펜드] 동 (시간·돈 등을) 보내다, 쓰다

How do you spend your free time?
너는 여가 시간을 어떻게 보내니?

spend some money
돈을 쓰다

spider spiders
[spáidər 스파이더] 명 거미

The spider is making a web.
거미가 거미줄을 치고 있다.

wolf **spider** 독거미

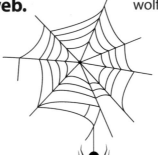

spoon spoons
[spu:n 스푼] 명 숟가락

I use a spoon when I eat food.
나는 음식을 먹을 때 숟가락을 사용한다.

eat with a **spoon**
숟가락으로 먹다

sport sports
[spɔ:rt 스포어트] 명 운동, 경기

Ping-pong is an indoor sport.
탁구는 실내 스포츠다.

play a **sport**
운동을 하다

spring springs
[spriŋ 스프링] 몡 봄, 용수철

Spring has come, winter is gone.
겨울은 가고 봄이 왔다.

an early **spring** 초봄

square squares
[skwɛɔːr 스퀘어] 몡 정사각형, 광장

A square has four equal sides.
정사각형은 네 변의 길이가 같다.

draw a **square**
정사각형을 그리다

stadium stadiums
[stéidiəm 스테이디엄] 몡 경기장, 스타디움

The game is played in a stadium.
경기장에서 경기가 진행되고 있다.

a domed **stadium**
돔구장

stage stages
[stidʒ 스테이지] 몡 무대, 스테이지

She appeared on the stage.
그녀가 무대 위에 모습을 드러내었다.

set the **stage**
무대를 꾸미다

stairs
[stɛɔːrz 스테어즈] 몡 계단

Ally went up the stairs.
앨리는 계단을 올라갔다.

go up the **stairs**
계단을 오르다

stamp stamps

[stæmp 스탬프] 몡 우표, 도장

My hobby is collecting stamps.
내 취미는 우표 수집이다.

put a **stamp**
우표를 붙이다

stand stood, stood, standing, stands

[stænd 스탠드] 동 서다, 서 있다

They stand in line.
그들은 일렬로 서 있다.

stand still 가만히 서 있다

star stars

[stɑːr 스타아] 몡 별

Stars twinkle bright.
별이 밝게 빛나고 있다.

a bright **star**
밝은 별

start started, started, starting, starts

[stɑːrt 스타아트] 몡 시작 동 시작하다

Please start again from the beginning.
처음부터 다시 시작하세요.

start to dance
춤을 추기 시작하다

station stations

[stéiʃən 스테이션] 몡 역, 정거장

A train is in the station.
기차가 역에 있다.

arrive at the **station**
역에 도착하다

stay stayed, stayed, staying, stays
[stei 스테이] 동 머무르다

I should like to stay here.
나는 이곳에 머무르고 싶다.

stay at home
집에 머물다

steam
[sti:m 스팀] 명 증기

These engines are driven by steam.
이 엔진들은 증기로 움직인다.

a **steam** engine
증기 기관

step steps
[step 스텝] 명 걸음

He took a step back.
그는 뒤로 한 걸음 물러났다.

a first **step**
첫 걸음

stick sticks
[stik 스틱] 명 막대기, 스틱

This stick measures three feet.
이 막대기의 길이는 3피트이다.

a hiking **stick**
하이킹용 스틱

stone stones
[stoun 스토운] 명 돌

The Pyramids were made of stone.
피라미드는 돌로 만들어졌다.

throw a **stone**
돌을 던지다

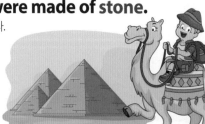

camel 낙타
[kǽməl 캐멀]

stop stopped, stopped, stopping, stops
[stɑp 스탑] (동) 멈추다

Stop playing right now.
이제 그만 놀아라.

stop the work
일을 중단하다

store stores
[stɔːr 스토어] (명) 가게, 상점

There are many stores in this street.
이 거리에는 상점들이 많다.

open a **store**
가게를 열다

storm storms
[stɔːrm 스토옴] (명) 폭풍

The storm overtook the ship.
폭풍우가 갑자기 배를 덮쳤다.

a heavy **storm**
심한 폭풍우

story stories
[stɔ́ːri 스토리] (명) 이야기

I want to tell you a story.
너에게 들려줄 이야기가 하나 있어.

tell a **story**
이야기를 하다

stove stoves
[stouv 스토우브] (명) 난로, 스토브

The stove smokes.
난로에서 연기가 난다.

a gas **stove**
가스난로

straight

[streit 스트레이트] 형 곧은 부 똑바로

The road is very straight.
그 길은 매우 똑바르다.

a **straight** line
직선

strange

[streindʒ 스트레인지] 형 이상한, 낯선

A strange thing happened.
이상한 일이 일어났다.

a **strange** sound
이상한 소리

strawberry strawberries

[strɔ́:bèri 스트로베리] 명 딸기

I want to try the strawberry cake, too.
나는 딸기 케이크도 먹어보고 싶어.

strawberry jam
딸기 쨈

street streets

[stri:t 스트리트] 명 길, 거리

The street is empty.
거리가 텅 비어 있다.

a noisy **street**
시끄러운 거리

strike struck, stricken, striking, strikes

[straik 스트라이크] 동 치다, 때리다

A clock strikes three.
시계가 3시를 친다.

strike a child
아이를 때리다

strong
[strɔ:ŋ 스트롱] 형 강한 ↔ **weak** 약한

You're the strong one, you know that?
넌 강해, 알지?

a **strong** wind
강한 바람

student students
[stjú:dənt 스튜던트] 명 학생

She is a diligent student.
그녀는 부지런한 학생이다.

a bad **student**
나쁜 학생

study studied, studied, studying, studies
[stʌ́di 스터디] 명 공부 동 배우다

Students have to study hard.
학생들은 열심히 공부해야 한다.

study English
영어를 공부하다

stupid
[stjú:pid 스튜피드] 형 어리석은 = **foolish**

Don't do that stupid thing.
그렇게 어리석은 짓 좀 하지 마.

a **stupid** person
어리석은 사람

subway subways
[sʌ́bwèi 썹웨이] 명 지하철

The subway has arrived at the station.
지하철이 역에 도착했다.

a **subway** station
지하철역

success
[səksés 썩쎄스] 명 성공

He is sure of success.
그는 자신의 성공을 확신한다

be a big **success**
큰 성공이다

sugar

[ʃúgər 슈거] 몡 설탕

Sugar melts in water.
설탕은 물에 녹는다.

a spoonful of **sugar**
설탕 한 숟갈

summer

[sʌ́mər 썸머] 몡 여름

It gets hot in the summer.
여름에는 더워진다.

last **summer**
작년 여름

sun

[sʌn 썬] 몡 태양

The sun is the center of the solar system.
태양은 태양계의 중심이다.

rise in the **sun**
해가 뜨다

Sunday

[sʌ́ndei 썬데이] 몡 일요일

I just watched TV all of Sunday.
일요일 내내 텔레비전만 봤는걸.

on **Sunday** afternoon
일요일 오후에

sunny

[sʌ́ni 써니] ⑲ 햇빛의, 맑은; 햇볕이 잘 드는

This is a sunny day.
오늘은 화창한 날이다.

a **sunny** room
햇빛이 잘 드는 방

supermarket supermarkets

[sú:pərmà:rkit 쑤퍼마아킷] ⑲ 슈퍼마켓

Jenny buys food at the supermarket.
제니는 슈퍼마켓에서 식품을 산다.

go to the **supermarket**
슈퍼마켓에 가다

supper

[sʌ́pər 써퍼] ⑲ 저녁식사, 만찬

I had supper already.
나는 벌써 저녁 식사를 했다.

a late **supper**
늦은 저녁식사

sure

[ʃuər 슈어] ⑲ 확신하는

I'm sure of his success.
나는 그의 성공을 확신한다.

be **sure** of one's success
~의 성공을 확신하다

surprise surprised, surprised, surprising, surprises

[sərpráiz 써프라이즈] ⑲ 놀람 ⑧ 놀라게 하다

I have a surprise for you.
너를 놀래줄 일이 있어.

be **surprised** at the news
그 소식을 듣고 놀라다

sweater sweaters

[swétər 스웨터] 몡 스웨터

Mary is knitting a sweater.
메리는 스웨터를 짜고 있다.

put on a **sweater**
스웨터를 입다

sweet

[swi:t 스위트] 혱 단, 달콤한 ↔ **sour** 신, 시큼한

These grapes are sweet.
이 포도들은 달콤하다.

a **sweet** cake
달콤한 케이크

swim swam, swum, swimming, swims

[swim 스윔] 몡 수영 됭 헤엄치다

Peter knows how to swim.
피터는 수영을 할 줄 안다.

swim in the sea
바다에서 헤엄치다

swing swings

[swiŋ 스윙] 몡 그네

The boys are playing on the swing.
소년들이 그네에서 놀고 있다.

get on a **swing**
그네에 올라타다

switch switches

[switʃ 스위치] 몡 스위치

Someone is turning on the switch.
누군가가 스위치를 켜고 있다.

a light **switch**
전등 스위치

Tt

table tables
[téibl 테이블] 몡 탁자, 식탁

You must clean the table.
테이블을 깨끗하게 치워야 해.

sit around a **table**
탁자에 둘러앉다

tail tails
[teil 테일] 몡 꼬리 ↔ **head** 머리

The monkey has a long tail.
원숭이는 긴 꼬리를 갖고 있다.

have a long **tail**
꼬리가 길다

take took, taken, taking, takes
[teik 테익] 동 잡다, 가져가다

Take it easy.
맘을 편히 가져.

take a rabbit in a trap
토끼를 덫으로 잡다

talk talked, talked, talking, talks
[tɔːk 토크] 동 말하다

Don't talk nonsense!
터무니없는 소리 말아라!

talk too much
말이 너무 많다

tall

[tɔːl 톨] 혱 키가 큰 ↔ **short** 키가 작은

The giraffe is very tall.
기린은 키가 매우 크다.

a **tall** tree
키가 큰 나무

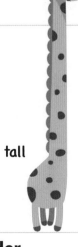

tall   short

tape tapes

[teip 테입] 혱 테이프

I don't have a tape recorder.
나에게는 테이프 녹음기가 없다.

play a **tape**
테이프를 틀다

taste tasted, tasted, tasting, tastes

[teist 테이스트] 혱 맛 동 맛보다

We taste with our tongues.
우리는 혀로 맛을 본다.

taste sweet 달콤한 맛

taste 맛   **touch** 만지기   **hearing** 듣기   **sight** 보기   **smell** 냄새
[teist 테이스트]   [tʌtʃ 터치]   [híəriŋ 히어링]   [sait 싸잇]   [smel 스멜]

taxi taxis

[tǽksi 택시] 혱 택시

A taxi driver should be kind.
택시 운전기사는 친절해야 한다.

go by **taxi**
택시로 가다

tea

[tiː 티] 혱 차

I like strong tea.
나는 진한 차를 좋아한다.

make **tea**
차를 끓이다[달이다]

teach taught, taught, teaching, teaches
[tiːtʃ 티치] 동 가르치다

Mrs. Kim teaches English.
김 선생님은 영어를 가르치신다.

teach English
영어를 가르치다

teacher teachers
[tíːtʃər 티처] 명 선생님

Miss White is an English teacher.
화이트 선생님은 영어 선생님이다.

the new **teacher**
새로 오신 선생님

team teams
[tiːm 팀] 명 팀

This team won the game.
이 팀이 경기에서 이겼다.

a basketball **team**
농구 팀

tear tears / tore, torn, tearing, tears
[tíəːr 티어] 명 눈물 동 찢다, 뜯다

Tears fell down from her eyes.
그녀의 눈에서 눈물이 떨어졌다.

tears of joy 기쁨의 눈물

I tore the package open.
나는 그 소포를 뜯어서 펼쳤다[뜯어보았다].

telephone telephones
[téləfòun 텔러포운] 명 전화기

The telephone is ringing.
전화가 울리고 있다.

answer the **telephone**
전화를 받다

television televisions
[téləvìʒən 텔러비전] 명 텔레비전 = **TV**(텔레비전의 약자)

I watch television every evening.
나는 매일 저녁 텔레비전을 본다.

watch **television**
텔레비전을 보다

tell told, told, telling, tells
[tel 텔] 동 말하다

Tell me about them.
그것들에 대해 말해 줘.

tell jokes
농담하다

temple temples
[témpl 템플] 명 절, 사원

A temple is a sacred place.
절은 신성한 곳이다.

an old **temple**
오래된 절

They visited the temple.
그들은 그 절을 방문했다.

ten
[ten 텐] 명 10, 열 형 10의; 10인[개]의

I'll do it in ten minutes. I'm busy now.
10분 뒤에 해 줄게. 지금 바빠서.

at the age of **ten**
열 살 때에

tennis
[ténis 테니스] 몡 테니스

We lost the tennis game.
우리는 테니스 경기에서 패했다.

a **tennis** racket
테니스 라켓

tent tents
[tent 텐트] 몡 천막, 텐트

We spent the night in a tent.
우리는 그 밤을 텐트 안에서 보냈다.

sleep in a **tent**
텐트에서 잠을 자다

test tests
[test 테스트] 몡 시험

We had a test in math.
우리는 수학 시험을 봤다.

a **test** in Korean
국어 시험

textbook textbooks
[tékstbùk 텍스트북] 몡 교과서

This is a new textbook.
이것은 새 교과서이다.

an English **textbook**
영어 교과서

than
[ðæn 댄] 졘 졉 ~보다, ~에 비하여

I am older than you.
나는 너보다 나이가 많다.

older **than** I
나보다 나이가 많다

thank thanked, thanked, thanking, thanks

[θæŋk 쌩크] 동 감사하다

Thank you anyway.
어쨌든 고맙습니다.

thank you for ~
~에 대해 감사하다

that

[ðæt 댓] 대 저것

Ask that man there.
저기에 있는 저 남자에게 물어봐.

that boy
저 소년

the

[ðə 더] 관 그, 저

The girl has lost her wallet.
그 소녀는 지갑을 잃어버렸다.

the book
그 책

their

[ðɛəːr 데어] 대 그들의, 그것들의 <they의 소유격>

They played their violins for the party.
그들은 그 파티에서 바이올린을 연주했다.

their home
그들의 가정

them

[ðem 뎀] 대 그들을[에게], 그것들을[에게] <they의 목적격>

What are you doing with those matches?
Give them to me.
너 그 성냥 가지고 뭐하니? (그것들) 나한테 줘.

one of **them**
그들 중 한 사람

then
[ðen 덴] 튀그 때 젭그리고 나서

Then came visitors.
그리고 나서 방문객들이 왔다.

since **then**
그 이후

there
[ðεəːr 데어] 튀 그곳에

He lives near there.
그는 그곳 근처에 산다.

near **there**
거기 근처에

these
[ðíːz 디즈] 대이것들

These are presents for the old.
이것들은 노인들을 위한 선물이다.

these few days
이 며칠 간

they
[ðei 데이] 대그들

They lived happily.
그들은 행복하게 살았다.

thick
[θik 씩] 형두꺼운 ↔ thin 얇은

Slice the bread thick.
빵을 두껍게 썰어라.

thick   thin

a **thick** book
두꺼운 책

thin

[θin 씬] 형 얇은 ↔ **thick** 두꺼운, 날씬한 ↔ **fat** 뚱뚱한

That man is thin.
저 남자는 날씬하다.

a **thin** paper
얇은 종이

thing things

[θiŋ 씽] 명 물건, 일

There's no such thing as ghosts.
유령 같은 건 없어.

buy many **things**
많은 것을 사다

think thought, thought, thinking, thinks

[θiŋk 씽크] 동 생각하다

Try to think in English always.
항상 영어로 생각하도록 해봐요.

think carefully
신중히 생각하다

thirsty

[θə́ːrsti 써어스티] 형 목마른

I am hungry and thirsty too.
나는 배고픈 데다 목도 마르다.

feel[be] **thirsty**
목이 마르다

this

[ðis 디스] 대 이것

This is eatable.
이것은 먹을 수 있다.

this table
이 탁자

those
[ðouz 도우즈] 때 저것들, 그것들

Those are old books.
저것들은 오래된 책들이다.

those houses 저 집들

thousand
[θáuzənd 싸우전드] 명 1,000, 천

It's two thousand won.
2,000원입니다.

three thousand
3,000

three
[θri: 쓰리] 명 3, 셋

Starting tomorrow, I'll be working out three times a week.
내일부터는 일주일에 세 번씩 운동을 할거야.

three pairs of socks
양말 세 켤레

13
thirteen 13
[θə́:rtíːn 써어틴]

30
thirty 30
[θə́:rti 써어티]

third 3번째
[θə́:rd 써어드]

through
[θru: 쓰루] 전 ~을 통해[관통하여], ~사이로 부 지나[뚫고서], 내내, 줄곧

The sand ran through my fingers.
모래가 내 손가락 사이로 흘러 내렸다.

get through 통과하다

We can wear blue jeans all through the year.
청바지는 일년 내내 입을 수 있다.

throw threw, thrown, throwing, throws
[θrou 쓰로우] ⑧ 던지다

The children are throwing the rocks.
아이들이 돌을 던지고 있다.

throw a fast ball
빠른 볼[속구]을 던지다

Thursday
[θə́ːrzdei 써어즈데이] ⑲ 목요일

It is on the fourth Thursday in November. Why?
그것은 11월의 네 번째 목요일이야. 왜?

on **thursday** afternoon
목요일 오후에

ticket tickets
[tíkit 티킷] ⑲ 입장권, 표

Bill showed his ticket.
빌은 그의 표를 보여줬다.

buy a one-way **ticket**
편도 표를 사다

tie ties / tied, tied, tying, ties
[tai 타이] ⑲ 넥타이 ⑧ 묶다, 매다

Your tie is not straight.
네 넥타이가 비뚤어져 있다.

tie shoes
신발 끈을 매다

tiger tigers
[táigər 타이거] ⑲ 호랑이

A tiger is bigger than a cat.
호랑이는 고양이보다 크다.

tigers roar
호랑이가 으르렁거리다

till

[til 틸] 전 접 ~까지

School keeps till four o'clock.
수업은 4시까지 있다.

till late at night
밤늦게까지

time

[taim 타임] 명 시간

I think it would be a nice time.
좋은 시간이 될 거야.

a short **time**
짧은 시간

tired

[taiə:rd 타이어드] 형 피곤한

He became tired.
그는 피곤해졌다.

look **tired**
피로해 보이다

to

[tu: 투] 전 ~으로, ~까지

I want to go to England.
나는 영국에 가고 싶어.

go **to** the grocery store
식료품 가게에 가다

toast

[toust 토우스트] 명 토스트, 구운 빵

I spread butter on a piece of toast.
난 토스트 한 조각에 버터를 발랐습니다.

spread butter on **toast**
토스트에 버터를 바르다

today

[tudéi 투데이] 몡 閉 오늘, 현재

Today is March 2nd.
오늘은 3월 2일이에요.

today's newspaper
오늘 신문

together

[təgéðər 터게더] 閉 함께

The girls work together.
그 소녀들은 함께 일한다.

go to school **together**
함께 학교에 가다

tomato tomatoes

[təméitou 터메이토우] 몡 토마토

This fruit tastes like a tomato.
이 과일은 토마토 맛이 난다.

tomato soup
토마토 수프

tomorrow

[təmá:rou 터마로우] 몡 閉 내일

We'll meet tomorrow.
내일 만나자.

tomorrow evening
내일 저녁

tonight

[tunáit 투나잇] 몡 閉 오늘밤

What do you want to do tonight?
오늘밤 뭐 하고 싶어?

tonight's television **programs**
오늘밤의 텔레비전 프로그램

too
[tu: 투] ⑨ 또한, 너무

I like it, too.
나도 그걸 좋아해.

too big for me
나에게 너무 크다

tooth teeth
[tu:θ 투쓰] ⑲ 이, 치아

I have a toothache.
이가 아파요.

brush one's **tooth**
이를 닦다

top tops
[tɑp 탑] ⑲ 꼭대기 ⑲ 꼭대기의 ↔ **bottom**

Birds are on the top of the house.
새들이 집 꼭대기에 있다.

the **top** of the mountain
산 정상

touch touched, touched, touching, touches
[tʌtʃ 터치] ⑧ 접촉하다, (손을) 대다

Don't touch me.
나를 건드리지 마.

keep in **touch**
연락을 유지하다

towel towels
[táuəl 타월] ⑲ 타월, 수건

Dry your hair with this towel.
이 수건으로 머리를 말려라.

a paper **towel**
종이 수건

tower towers
[táuər 타워] 명 탑, 타워

Have you ever visited the Seoul Tower?
서울타워에 가 본 적 있니?

a clock **tower**
시계탑

town towns
[taun 타운] 명 읍, 도시

They live in a small town.
그들은 작은 도시에 살고 있다.

town and country
도시와 시골

toy toys
[tɔi 토이] 명 장난감

He has a toy truck.
그는 장난감 트럭을 가지고 있다.

play with a **toy**
장난감을 가지고 놀다

train trains
[trein 트레인] 명 열차

I took the wrong train.
나는 열차를 잘못 탔다.

an express **train**
급행열차

travel traveled, traveled, traveling, travels
[trǽvəl 트레벌] 명 여행 동 여행하다

I like to travel by train.
나는 기차 여행을 좋아한다.

a **travel** brochure
여행안내 책자

tree trees

[tri: 트리] 몡 나무

Apples fall off the tree.

사과들이 나무에서 떨어진다.

a Christmas **tree**

크리스마스 트리

trip trips

[trip 트립] 몡 여행

Have a good trip!

즐거운 여행 되세요!

a **trip** to Jejudo

제주도로 여행을 가다

● trip, journey, tour

여행을 나타내는 단어에는 **trip**, **tour**, **journey** 등 여러 가지가 있는데요. 아주 조금씩 뉘앙스가 달라요. **trip**은 어떤 특정 목적을 위한 짧은 관광이나 이동을 말해요. **tour**는 여러 도시나 국가 등을 방문하는 여행이나 관광, **journey**는 특히 멀리 가는 장거리 여행이나 이동, 여정을 말해요.

a business trip 출장, **a day trip** 당일 여행,
a tour of Korea 한국 관광, **a concert tour** 순회 연주
a long and difficult journey across the mountains 산맥을 넘는 멀고 힘든 여정,

truck trucks

[trʌk 트럭] 몡 트럭, 화물차

The truck is behind the car.

트럭이 승용차 뒤에 있다.

drive a **truck**

트럭을 운전하다

true

[tru: 트루] 혱 참된, 진짜의

I think it is true.

그게 사실이라고 생각해.

true diamond

진짜 다이아몬드

try tried, tried, trying, tries
[trai 트라이] 동 노력하다, 시도하다

Let me try it again.
내가 그걸 다시 해 볼게요.

try hard
열심히 노력하다

Tuesday
[tjúːzdei 튜즈데이] 명 화요일

This year's Christmas is on Tuesday.
올해 크리스마스는 화요일이에요.

every **Tuesday**
매주 화요일

tulip tulips
[tjúːlip 튤립] 명 튤립

The Netherlands is famous for tulips.
네덜란드는 튤립으로 유명하다.

a full-blown **tulip**
만발한 튤립

windmill 풍차
[windmil 윈드밀]

tunnel tunnels
[tʌnl 터늘] 명 터널, 굴

The railroad passed through a long tunnel.
철로가 긴 터널을 통과하고 있다.

go into a **tunnel**
터널로 들어가다

turn turned, turned, turning, turns
[təːrn 터언] 동 돌다, 회전시키다

Turn left at the crossing.
교차로에서 왼쪽으로 돌아라.

turn right
오른쪽으로 돌다

twice

[twais 트와이스] ㈜ 두 번

I read the book twice.
나는 그 책을 두 번 읽었다.

twice a day
하루에 두 번

twin twins

[twin 트윈] ㈜ 쌍둥이

I can't tell one twin from the other.
난 쌍둥이 한 명을 다른 한 명과 구분할 수가 없다.

twin brother
쌍둥이 형제

two

[tu: 투] ㈜ 2, 둘

I only slept for two hours last night.
어젯밤에 단 2시간밖에 못 잤거든.

two pencils
연필 두 자루

second 2번째
[sekənd 쎄컨드]

twelve 12
[twélv 트웰브]

twenty 20
[twénti 트웬티]

Uu

umbrella umbrellas
[ʌmbrélə 엄브레러] 몡 우산

Take your umbrella with you.
우산을 가지고 가거라.

carry an **umbrella**
우산을 들고 다니다

uncle uncles
[ʌ́ŋkl 엉클] 몡 삼촌, 아저씨

His uncle is a teacher.
그의 삼촌은 선생님이다.

my **uncle** Jim
우리 짐 삼촌

under
[ʌ́ndər 언더] 전 뷔 아래에 = **above** 위에

My doll is under the bed.
내 인형이 침대 밑에 있다.

a bench **under** the tree
나무 아래의 벤치

understand understood, understood, understanding, understands
[ʌ̀ndərstǽnd 언더스탠드] 동 이해하다

This book is easy to understand.
이 책은 이해하기에 쉽다.

understand well
잘 이해하다

until

[əntíl 언틸] 전 접 ~까지

He waited until rain stopped.
그는 비가 그칠 때까지 기다렸다.

until noon
정오까지

up

[ʌp 업] 부 위로 ↔ **down** 아래로

The moon is up.
달이 떴다.

up in the sky
하늘 위로

use used, used, using, uses

[júːs 유스] 명 사용 동 사용하다, 쓰다

Use your spoon, please.
숟가락을 사용하세요.

the **use** of computer
컴퓨터의 사용

usual

[júːʒuəl 유주얼] 형 보통의, 평소의

He arrived later than usual.
그는 보통 때보다 늦게 도착했다.

at the **usual** time
평소 시간에

usually

[júːʒluəli 유주얼리] 부 보통, 흔히

He usually eats bread for breakfast.
그는 아침 식사로 흔히 빵을 먹는다.

more than **usually** late
평상시보다 늦은

Good morning~

Vv

vacation

[veikéiʃən 베이케이션] 몡 방학, 휴가

What will you do this vacation?
이번 방학 때 뭐 할 거니?

the summer vacation
여름방학

vegetable vegetables

[védʒətəbl 베저터블] 몡 채소, 야채

She likes vegetable soup.
그녀는 야채수프를 좋아한다.

fresh vegetables
신선한 야채

very

[véri 베리] 뿐 대단히, 몹시

Thank you very much.
대단히 감사합니다.

very kind
대단히 친절하다

video videos
[vídiòu 비디오우] 몡 비디오

They are watching video tapes.
그들은 비디오 테이프를 보고 있다.

watch a **video**
비디오를 보다

village villages
[vílidʒ 빌리지] 몡 마을

They looked around the village.
그들은 마을을 둘러보았다.

a quiet **village**
조용한 마을

violin violins
[vàiəlín 바이얼린] 몡 바이올린

Henry is playing the violin.
헨리는 바이올린을 연주하고 있다.

an old **violin**
오래된 바이올린

visit visited, visited, visiting, visits
[vízit 비짓] 통 방문하다

In the evenings, friends would visit.
저녁에는 친구들이 방문하곤 했다.

visit in the country
시골을 방문하다

voice voices
[vɔis 보이스] 몡 목소리

She sings in a sweet voice.
그녀는 아름다운 목소리로 노래한다.

a sweet **voice**
듣기 좋은 목소리

volcano volcanos

[vɑlkéinou 발케이노우] 명 화산

The volcano is active.
그 화산은 활동 중이다.

a live **volcano**
활화산

volleyball

[válibɔ̀ːl 발리보올] 명 배구

I am going to play volleyball with my classmates.
나는 우리 반 친구들과 배구를 할 거야.

a **volleyball** court
배구 코트

Ww

wait waited, waited, waiting, waits

[weit 웨잇] 동 기다리다

Wait a minute.
잠시 기다려라.

wait for the train
기차를 기다리다

waiter waiters

[wéitə:r 웨이터] 명 (호텔·음식점 따위의) 웨이터 ↔ **waitress** 웨이트리스

A waiter came up to the table.
웨이터가 테이블로 다가왔다.

ask for a **waiter**
웨이터를 부르다

wake woke, woken, waking, wakes

[weik 웨익] 동 잠이 깨다

Don't wake up the baby.
아기를 깨우지 마라.

wake up early
일찍 잠에서 깨다

walk walked, walked, walking, walks

[wɔ:k 워크] 동 걷다

Do not walk so fast.
그렇게 빨리 걷지 마.

fast

walk to the school
학교까지 걷다

slow

wall walls

[wɔːl 월] 몡 담, 벽

The wall is high.
그 벽은 높다.

climb a **wall**
벽을 기어오르다

want wanted, wanted, wanting, wants

[wɔnt 원트] 동 원하다

Plants want water.
식물은 물이 필요하다.

want a cell phone
휴대폰을 원하다

war wars

[wɔːr 워어] 몡 전쟁 ↔ **peace** 평화

The war is over.
전쟁이 끝나다.

win a **war**
전쟁에 이기다

warm

[wɔːrm 워엄] 혱 따뜻한 ↔ **cold** 추운

Spring is warm.
봄은 따뜻하다.

a **warm** day
따뜻한 날씨

was

[wəz 워즈] 동 **be**의 제1·3인칭단수 과거

It was such a lovely day yesterday.
어제는 참으로 좋은 날씨였다.

wash washed, washed, washing, washes
[wɑʃ 와쉬] 동 씻다

Wash your hands before you eat.
먹기 전에 손을 씻어라.

wash oneself
목욕하다

waste wasted, wasted, wasting, wastes
[weist 웨이스트] 동 낭비하다

Don't waste your money.
돈을 낭비하지 마라.

waste time
시간을 낭비하다

watch watches / watched, watched, watching, watches
[wɔːtʃ 워치] 명 손목시계 동 지켜보다

This watch is exact.
이 시계는 정확하다.

watch TV
텔레비전을 보다

water
[wɔ́ːtər 워터] 명 물

I'll fetch you a glass of water.
물 한 컵 가져다 줄게.

drink a glass of **water**
물 한 잔을 마시다

wave waves
[weiv 웨이브] 명 물결, 파도

The waves are very high today.
오늘은 파도가 높다.

ride the **wave**
파도를 타다

way ways
[wei 웨이] 뗑길, 방법

The way is blocked.
길이 막혀 있다.

lead the way
길을 안내하다

we
[wi: 위] 땐 우리, 우리들

We're painting the walls.
우리는 벽에 페인트를 칠하고 있어요.

We are agreed.
우리는 찬성이다.

weak
[wi:k 위크] 뗑 약한 ↔ **strong** 강한

He is weak in grammar.
그는 문법에 약하다.

a weak team
약한 팀

wear wore, worn, wearing, wears
[wɛəːr 웨어] 뗑 입다, 쓰다, 착용하다

I wear glasses.
나는 안경을 쓴다.

wear light clothes
얇은 옷을 입다

weather
[wéðər 웨더] 뗑 날씨

Weather keeps fine.
좋은 날씨가 계속되고 있다.

fine weather
좋은 날씨

Wednesday

[wénzdèi 웬즈데이] 몡 수요일

He came here last Wednesday.
그는 지난 수요일에 여기에 왔다.

on **Wednesday** night
수요일 밤에

week weeks

[wi:k 위크] 몡 주, 1주간

We meet once a week.
우리는 일주일에 한 번 만난다.

this **week**
이번 주

welcome

[wélkəm 웰컴] 혱 환영받는 갬 어서 오십시오!

Welcome to my house.
우리 집에 오신 것을 환영합니다.

Welcome!
어서 오십시오!

well

[wel 웰] 뷔 상당히, 잘

This knife cuts well.
이 칼은 잘 든다.

a very **well** man
매우 건강한 사람

were

[wəːr 워어] 됨 be의 과거(2인칭에서는 단수, 복수 동일)

I didn't think you were like that.
널 그렇게 안 봤는데 실망이구나.

There were no lessons.
수업이 없었다.

west

[west 웨스트] 몡 서쪽 혱 서쪽의 ↔ **east** 동쪽

The sun sets in the west.
해는 서쪽으로 진다.

west of the city
도시의 서쪽에

wet

[wet 웻] 혱 젖은 ↔ **dry** 마른

The floor is wet.
마룻바닥이 젖었어요.

wet with tears
눈물로 젖다

what

[wɔt 웟] 때 무엇

What happened?
무슨 일이 있었니?

What is ~?
~은 무엇입니까?

wheel wheels

[hwiːl 휠] 몡 수레바퀴, 핸들

A wheel turns on its axis.
바퀴는 축을 중심으로 돈다.

change a **wheel**
바퀴를 갈아 끼우다

when

[hwen 웬] 뷔 언제 쩝 ~할 때

When will your sister be at home?
언제 너의 언니가 집에 들어오니?

When is ~?
~은 언제입니까?

where
[wɛəːr 웨어] 🔖 어디에

Where shall we meet?
우리 어디서 만날까?

Where is ~?
~은 어디입니까?

which
[witʃ 위치] 때 어느 쪽 형 어느 쪽의

Which is your book?
어느 것이 네 책이니?

Which is ~?
어느 쪽이 ~입니까?

white
[hwàit 화이트] 명 백색 형 흰 ↔ **black** 검은

Flour is as white as snow.
밀가루는 눈처럼 하얗다.

a **white** lily
하얀 백합꽃

who
[huː 후] 때 누구, 어느 사람

Who is that?
저 얘는 누구야?

Who is ~?
~은 누구입니까?

whose
[huːz 후즈] 때 누구의 것

Whose pencil is this?
이 연필은 누구 거야?

Whose is ~?
~은 누구 것입니까?

why
[wai 와이] ⟨부⟩왜

Why are you in a hurry?
왜 그리 서두르니?

Why is ~?
왜 ~입니까?

wide
[waid 와이드] ⟨형⟩넓은 ↔ **narrow** 좁은

She has a wide brow.
그녀는 이마가 넓다.

a **wide** river
폭이 넓은 강

will
[wil 윌] ⟨조⟩~할 것이다

This will be right.
이게 맞을 거야.

I **will** go ~
내가 ~갈게

● 미래형 will

미래형에는 조동사 will이나 be going to(~일 것이다, ~이겠다)를 사용해요. 미래의 일은 지금부터 단 1초 뒤의 일이라도 미래형으로 말해야 하며 간단하게 will을 쓰면 미래를 나타내는 문장이 돼죠. will 뒤에는 항상 동사의 원형이 온다는 것을 기억해요.
- 시간이 지나면 자연스럽게 일어날 일 → ~일 것이다
- 주어의 의도, 결심 등 → ~할 작정이다

win won, won, winning, wins
[win 윈] ⟨동⟩이기다 ↔ **lose** 지다

Jenny will win easily.
제니가 쉽게 이길 거야.

win the game
시합에 이기다

wind

[wind 윈드] 몡 바람

The wind is blowing.
바람이 불고 있다.

a cold **wind**
찬바람

window windows

[wíndou 윈도우] 몡 창문

Please shut the window.
창문을 닫아주십시오.

break the **window**
창문을 깨뜨리다

wing wings

[wiŋ 윙] 몡 날개

A butterfly has wings.
나비는 날개를 가지고 있다.

spread a **wing**
날개를 펴다

wink winked, winked, winking, winks

[wiŋk 윙크] 동 눈을 깜박이다, 윙크하다

She winked at him.
그녀는 그에게 윙크를 했다.

give a **wink**
곁눈을 주다

winter

[wíntər 윈터] 몡 겨울

Spring follows winter.
봄은 겨울 다음에 온다.

winter weather
겨울 날씨

wise

[waiz 와이즈] 혱 현명한, 슬기로운 ↔ foolish

He is a wise man.
그는 현명한 사람이다.

a **wise** answer
현명한 답

with

[wið 위드] 젼 ~와 함께

He goes with anyone.
그는 누구와도 잘 어울린다.

go **with** one's friends
~의 친구들과 함께 가다

without

[wiðáut 위드아웃] 젼 ~없이, ~하지 않고

We can't live without water.
우리는 물 없이는 살 수 없다.

a room **without** windows
창이 없는 방

woman women

[wúmən 우먼] 몡 여자 ↔ man 남자

That woman is tall.
저 여자는 키가 크다.

a nice **woman**
멋진 여자

wonder

[wʌ́ndər 원더] 몡 놀라움

It is a wonder.
그것은 놀라운 일이다.

wonder really
매우 놀라다

wonderful

[wʌ́ndərfəl 원더펄] 형 훌륭한, 멋진

We are having a wonderful time.
우리는 아주 멋진 시간을 보내고 있습니다.

wonderful news
좋은 소식

wood woods

[wud 우드] 명 나무

The table is made of wood.
그 식탁은 나무로 만든 것이다.

cut **wood**
나무를 자르다

wool wools

[wul 울] 명 양털, 털실, 모직물

This blanket is made of wool.
이 담요는 양털로 만들어졌다.

a **wool** blanket
모직 담요

word words

[wə:rd 워어드] 명 낱말, 단어

He left us without a word.
그는 말 한마디 없이 우리를 떠났다.

a **word** of advice
충고 한 마디

work worked, worked, working, works

[wə:rk 워어크] 명 일 동 일하다

We work together.
우리는 같이 일해요.

work on the farm
농장에서 일하다

world

[wəːrld 워얼드] 몡 세계

They traveled around the world.
그들은 세계를 두루 여행했다.

a map of the **world**
세계지도

worst

[wəːrst 워어스트] 혱 <**bad, ill**의 최상급> 가장 나쁜 ↔ **best**

He is the worst boy in our class.
그는 우리 반에서 가장 나쁜 학생이다.

in the **worst** case
최악의 경우에는

would

[wud 우드] 조 <**will**의 과거형> ❶ ~할 것이다 ❷ ~하고 싶다

I would like to go with you.
나는 너하고 같이 가고 싶어.

Would you like ~?
~ 하시겠습니까?

write wrote, written, writing, writes

[rait 라잇] 통 쓰다

He cannot read or write.
그는 읽을 줄도 쓸 줄도 모른다.

write a letter
편지를 쓰다

wrong

[rɔːŋ 롱] 혱 나쁜, 틀린 ↔ **right** 옳은, 바른

You answered wrong.
네 대답은 틀렸어.

a **wrong** lie
나쁜 거짓말

Yy

yeah

[jɛə 예어] 〔부〕 응, 그래 <찬성/긍정>

Yeah, why not?
그러게, 안 될 것 없지?

Oh, yeah.
아, 맞아.

year years

[jiəːr 이어] 〔명〕 해, 년

We meet once a year.
우리는 1년에 한 번 만나.

next **year** 다음 해

yellow

[jélou 옐로우] 〔명〕 노랑 〔형〕 노란색의

His raincoat is yellow.
그의 비옷은 노란색이다.

wearing **yellow**
노란 옷을 입은

yes

[jes 예스] 〔부〕 예, 응<대답> ↔ **no** 아니오

Yes, I'm fine.
응, 괜찮아.

say **"yes"**
"네"라고 말하다

yesterday
[jéstə:*r*dei 예스터어데이] 명 부 어제

We played baseball yesterday.
우리는 어제 야구를 했다.

the day before **yesterday**
그저께

yet
[jet 옛] 부 아직

He is yet alive.
그는 아직도 살아 있다.

have **yet** to do
아직 해야 한다

you
[ju: 유] 대 당신, 당신들

You look good.
너 좋아 보인다.

friendship between
you and me
너와 나의 우정

young
[jʌŋ 영] 형 젊은, 어린 ↔ **old** 나이 든

He is young, clever, and rich too.
그는 젊고 영리한 데다가 부자이기도 해.

a **young** man
젊은이

your
[juə:r 유어] 때 당신의, 당신들의; 너의, 너희들의 <you의 소유격>

How far is it to your school?
너의 학교까지 얼마나 머니?

your book
네 책

yours
[juə:rz 유어즈] 때 당신의 것 <you의 소유대명사>

I don't have a pen. Could I borrow yours?
펜이 없는데, 좀 빌려 줄래?

a friend of **yours**
너의 (한) 친구

Zz

zero zeros

[zíərou 지어로우] 명 영[0], 제로

I got zero in science.
나는 과학에서 영점을 받았다.

above **zero**
영상의

zone zones

[zoun 조운] 명 지역, 구역(존)

There is an English Zone at the school.
학교에는 영어 구역이 있다.

a school **zone**
어린이 보호 구역

zoo zoos

[zu: 주] 명 동물원

I saw a lion in the zoo.
나는 동물원에서 사자를 보았다.

animals in the **zoo**
동물원의 동물들

부록
주제별 단어

과일에는...

꽃에는...

학교에는...

야채에는...

자연에는...

학교에는...

01 사람과 물건, 방향을 가리키는 단어

② **you** [ju: 유] 당신(들)

① **I** [ai 아이] 나

③ **she** [ʃi: 쉬] 그녀

④ **he** [hi: 히] 그

⑤ **we** [wi: 위] 우리

⑥ **they** [ðei 데이] 그들

⑦ **this** [ðis 디스] 이것

⑧ **that** [ðæt 댓] 저것, 그것

⑨ **my** [mai 마이] 나의

⑩ **me** [miː 미] 나를

⑪ **mine** [main 마인] 나의 것

⑫ **your** [juəːr 유어] 당신의

⑬ **our** [auər 아워] 우리의

⑭ **us** [ʌs 어스] 우리들을

⑮ **their** [ðɛəːr 데어] 그들의

⑯ **them** [ðem 뎀] 그들을

⑰ **his** [hiz 히즈] 그의

⑱ **him** [him 힘] 그를

⑲ **her** [həːr 허] 그녀를

⑳ **these** [ðiːz 디즈] 이것들

㉑ **it** [it 잇] 그것

㉒ **those** [ðouz 도우즈] 그것들

㉓ **here** [hiər 히어] 여기

㉔ **there** [ðɛəːr 데어] 거기에

㉕ **left** [left 레프트] 왼쪽

㉖ **right** [rait 라이트] 오른쪽

㉚ **north** [nɔːrθ 노오쓰] 북쪽

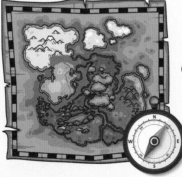

㉗ **east** [iːst 이스트] 동쪽

㉘ **west** [west 웨스트] 서쪽

㉙ **south** [sauθ 싸우쓰] 남쪽

① **color** [kʌ́lər 컬러] 색깔

② **red** [red 레드] 빨강

③ **orange** [ɔ́ːrindʒ 오린지] 주황

④ **yellow** [jélou 옐로우] 노랑

⑤ **green** [griːn 그린] 초록

⑥ **blue** [bluː 블루] 파랑

⑦ **navy** [néivi 네이비] 남색

⑧ **purple** [pə́ːrpəl 퍼어펄] 보라

⑨ **brown** [braun 브라운] 갈색

⑩ **pink** [piŋk 핑크] 분홍

⑪ **white** [hwait 화이트] 흰색

⑫ **gray** [grei 그레이] 회색

⑬ **black** [blæk 블랙] 검정색

⑭ **shape** [ʃeip 셰입] 모양

⑮ **triangle** [tráiæ̀ŋgl 트라이앵글] 삼각형

⑯ **square** [skwɛə:r 스퀘어] 정사각형

⑰ **rectangle** [réktæ̀ŋgl 렉탱글] 직사각형

⑱ **diamond** [dáiəmənd 다이어먼드] 마름모

⑲ **circle** [sə́:rkl 서어클] 원, 동그라미

⑳ **oval** [óuvəl 오우벌] 타원형

㉑ **pentagon** [péntəgɔ̀n 펜터건] 5각형

㉒ **cone** [koun 코운] 원뿔

㉓ **cube** [kju:b 큐브] 정육면체

㉔ **cylinder** [sílindər 실린더] 원통형

㉕ **line** [lain 라인] 선

㉖ **dot** [dɑt 닷] 점

03 수를 셀 때 쓰이는 단어

① **number** [nʌ́mbər 넘버] 수, 숫자   ② **0(zero)** [zíərou 지로우] 영

③ **1(one)** [wʌn 원] 하나

④ **2(two)** [tu: 투] 둘

⑤ **3(three)** [θri: 쓰리] 셋

⑥ **4(four)**
[fɔːr 포어] 넷

⑦ **5(five)**
[faiv 파이브] 다섯

⑧ **6(six)**
[siks 씩스] 여섯

⑨ **7(seven)** [sévən 쎄븐] 일곱

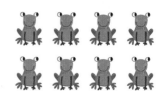

⑩ **8(eight)** [eit 에잇] 여덟

⑪ **9(nine)** [nain 나인] 아홉

⑫ **10(ten)** [ten 텐] 열

⑬ **11(eleven)** [ilévən 일레븐] 열하나

⑭ **12(twelve)** [twelv 트웰브] 열둘

⑮ **13(thirteen)**
[θə́ːrtíːn 써어틴] 열셋

⑯ **14(fourteen)**
[fɔ́ːrtíːn 포어틴] 열넷

⑰ **15(fifteen)**
[fíftíːn 피프틴] 열다섯

⑱ **16(sixteen)**
[síkstíːn 씩스틴] 열여섯

⑲ **17(seventeen)**
[sévəntíːn 쎄븐틴] 열일곱

⑳ **18(eighteen)**
[éitíːn 에이틴] 열여덟

㉑ **19(nineteen)**
[náintíːn 나인틴] 열아홉

㉒ **20(twenty)** [twénti 트웬티] 스물

㉓ **21(twenty-one)**
[twénti wʌn 트웬티 원] 스물하나

㉔ **22(twenty-two)**
[twénti tuː 트웬티 투] 스물둘

㉕ **30(thirty)** [θə́ːrti 써어티] 서른

㉖ **40(forty)** [fɔ́ːrti 포어티] 마흔

㉗ **50(fifty)** [fífti 피프티] 쉰

㉘ **60(sixty)** [síksti 씩스티] 예순

㉙ **70(seventy)** [sévənti 쎄븐티] 일흔

㉚ **80(eighty)** [éiti 에이티] 여든

㉛ **90(ninety)** [náinti 나인티] 아흔

㉜ **100(one hundred)**
[wʌn hʌ́ndrəd 원 헌드러드] 백

㉝ **1,000(one thousand)**
[wʌn θáuzənd 원 싸우전드] 천

㉞ **10,000(ten thousand)**
[ten θáuzənd 텐 싸우전드] 만

순서와 날짜를 나타내는 단어

① **1st(first)**
[fə:rst 퍼어스트] 첫 번째

② **2nd(second)**
[sékənd 쎄컨드] 두 번째

③ **3rd(third)**
[θə:rd 써어드] 세 번째

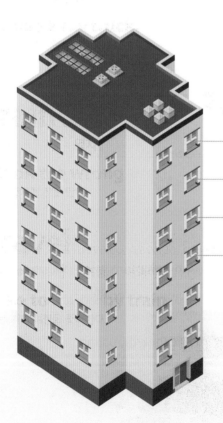

⑦ **7th(seventh)** [sévənθ 쎄븐쓰] 일곱 번째

⑥ **6th(sixth)** [siksθ 씩스쓰] 여섯 번째

⑤ **5th(fifth)** [fifθ 피프쓰] 다섯 번째

④ **4th(fourth)** [fɔːrθ 포어쓰] 네 번째

⑧ **8th(eighth)** [eitθ 에잇쓰] 여덟 번째

⑨ **9th(ninth)** [nainθ 나인쓰] 아홉 번째

⑩ **10th(tenth)** [tenθ 텐쓰] 열 번째

⑪ **11th(eleventh)**
[ilévənθ 일레븐쓰]
열한 번째

⑫ **12th(twelfth)**
[twelfθ 트웰프쓰]
열두 번째

⑬ **13th(thirteenth)**
[θə́ːrtíːnθ 써어틴쓰]
열세 번째

⑭ **14th(fourteenth)**
[fɔ́ːrtíːnθ 포어틴쓰] 열네 번째

㉓ **30th(thirtieth)**
[θə́ːrtiiθ 써티이쓰] 서른 번째

⑮ **15th(fifteenth)**
[fíftíːnθ 피프틴쓰] 열다섯 번째

㉔ **40th(fortieth)**
[fɔ́ːrtiiθ 포어티이쓰] 마흔 번째

⑯ **16th(sixteenth)**
[síkstíːnθ 씩스틴쓰] 열여섯 번째

㉕ **50th(fiftieth)**
[fíftiiθ 피프티이쓰] 쉰 번째

⑰ **17th(seventeenth)**
[sévəntíːnθ 쎄븐틴쓰] 열일곱 번째

㉖ **60th(sixtieth)**
[síkstiiθ 씩스티이쓰] 예순 번째

⑱ **18th(eighteenth)**
[éitíːnθ 에이틴쓰] 열여덟 번째

㉗ **70th(seventieth)**
[sévəntiiθ 쎄븐티이쓰] 일흔 번째

⑲ **19th(nineteenth)**
[náintíːnθ 나인틴쓰] 열아홉 번째

㉘ **80th(eightieth)**
[éitiiθ 에이티이쓰] 여든 번째

⑳ **20th(twentieth)**
[twéntiiθ 트웬티이쓰] 스무 번째

㉙ **90th(ninetieth)**
[náintiiθ 나인티이쓰] 아흔 번째

㉑ **21st(twenty-first)**
[twénti fɔ́ːrst 트웬티 퍼어스트]
스물한 번째

㉚ **100th(one hundredth)**
[wʌn hʌ́ndrədθ 원 헌드러드쓰] 백 번째

㉒ **22nd(twenty-second)**
[twénti sékənd 트웬티 쎄컨드]
스물두 번째

① **season** [síːzn 씨즌] 계절

② **spring** [spriŋ 스프링] 봄

③ **summer** [sʌ́mər 썸머] 여름

④ **autumn** [ɔ́ːtəm 오텀] 가을

⑤ **winter** [wíntər 윈터] 겨울

⑥ **month** [mʌnθ 먼쓰] 달, 월

⑦ **January**
[dʒǽnjuèri 재뉴에리] 1월

⑧ **February**
[fébruèri 페브루에리] 2월

⑨ **March**
[mɑːrtʃ 마아치] 3월

⑩ **April**
[éiprəl 에이프럴] 4월

⑪ **May**
[mei 메이] 5월

⑫ **June**
[dʒuːn 준] 6월

⑬ **July**
[dʒuːlái 줄라이] 7월

⑭ **August**
[ɔ́ːgəst 오거스트] 8월

⑮ **September**
[septémbər 쎕템버] 9월

⑯ **October**
[ɑktóubər 악토우버] 10월

⑰ **November**
[nouvémbər 노우벰버] 11월

⑱ **December**
[disémbər 디쎔버] 12월

① **solar system** [sóulər sístəm 쏘울러 씨스텀] 태양계

② **Sun** 태양
[sʌn 썬]

③ **Mercury** 수성
[mə́ːrkjuri 머어큐리]

④ **Venus** 금성
[víːnəs 비너스]

⑤ **Earth** 지구
[əːrθ 어어쓰]

⑥ **Mars** 화성
[mɑːrz 마아즈]

⑦ **Jupiter** 목성
[dʒúːpitər 주피터]

⑧ **Saturn** 토성
[sǽtərn 쌔턴]

⑨ **Uranus** 천왕성
[júərənəs 유어러너스]

⑩ **Neptune** 해왕성
[néptjuːn 넵튠]

⑪ **Pluto** 명왕성
[plúːtou 플루토우]

① **weather** [wéðər 웨더] 날씨

② **sun** 썬
[sʌn 썬]

③ **cloud** 구름
[klaud 클라우드]

④ **rain** 비
[rein 레인]

⑤ **snow** 눈
[snou 스노우]

⑥ **wind** 바람
[wind 윈드]

⑨ **rainbow** 무지개
[réinbòu 레인보우]

⑦ **thunder** 번개
[θʌ́ndər 썬더]

⑧ **typhoon** 태풍
[taifúːn 타이푼]

⑩ **rain** coat 비옷
[réin kòut 레인 코우트]

⑪ **umbrella** 우산
[ʌmbrélə 엄브레러]

⑫ **rain** boots 장화
[réin bùːts 레인 부츠]

① **month** [mʌnθ 먼쓰] 달, 월 ② **year** [jiəːr 이어] 연, 해

③ **Sunday** [sʌ́ndei 썬데이] 일요일

④ **Monday** [mʌ́ndei 먼데이] 월요일

⑤ **Tuesday** [tʃúːzdei 튜즈데이] 화요일

⑥ **Wednesday** [wénzdei 웬즈데이] 수요일

⑦ **Thursday** [θə́ːrzdei 써어즈데이] 목요일

⑧ **Friday** [fráidei 프라이데이] 금요일

⑨ **Saturday** [sǽtəːrdei 쌔터어데이] 토요일

⑩ **morning**
[mɔ́ːrniŋ 모오닝] 아침

⑪ **afternoon**
[ǽftərnúːn 애프터눈] 오후

⑭ **yesterday**
[jéstə*r*dèi 예스터어데이] 어제

⑮ **today**
[tudéi 투데이] 오늘

⑯ **tomorrow**
[təmɔ́:rou 터모로우] 내일

⑰ **week** [wi:k 위크] 주

⑱ **day** [dei 데이] 낮, 하루

⑫ **evening**
[í:vniŋ 이브닝] 저녁

⑬ **night**
[nait 나이트] 밤

① **body** [bádi 바디] 몸

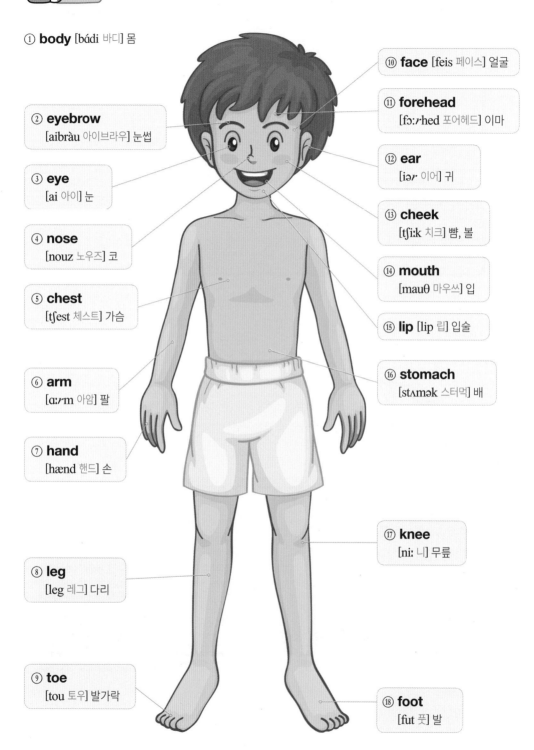

② **eyebrow** [aibràu 아이브라우] 눈썹

③ **eye** [ai 아이] 눈

④ **nose** [nouz 노우즈] 코

⑤ **chest** [tʃest 체스트] 가슴

⑥ **arm** [ɑːrm 아암] 팔

⑦ **hand** [hænd 핸드] 손

⑧ **leg** [leg 레그] 다리

⑨ **toe** [tou 토우] 발가락

⑩ **face** [feis 페이스] 얼굴

⑪ **forehead** [fɔːrhed 포어헤드] 이마

⑫ **ear** [iər 이어] 귀

⑬ **cheek** [tʃiːk 치크] 뺨, 볼

⑭ **mouth** [mauθ 마우쓰] 입

⑮ **lip** [lip 립] 입술

⑯ **stomach** [stʌmək 스터먹] 배

⑰ **knee** [niː 니] 무릎

⑱ **foot** [fut 풋] 발

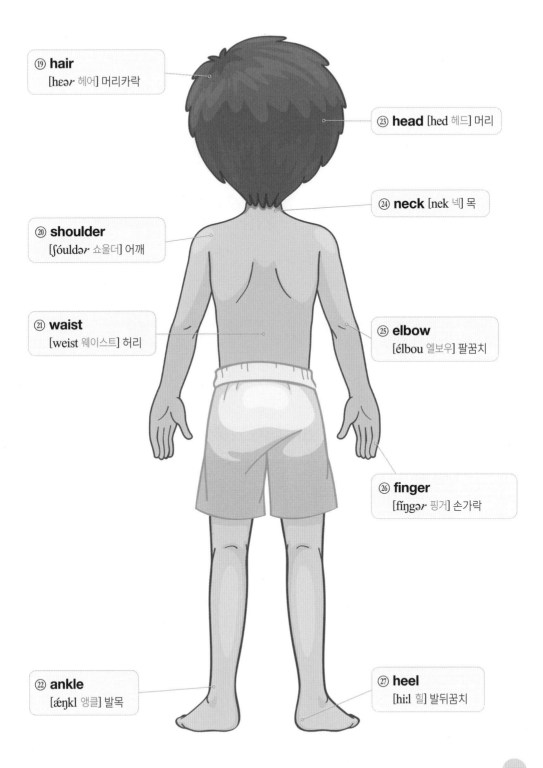

⑲ **hair**
[hɛər 헤어] 머리카락

㉓ **head** [hed 헤드] 머리

㉔ **neck** [nek 넥] 목

⑳ **shoulder**
[ʃóuldər 쇼울더] 어깨

㉑ **waist**
[weist 웨이스트] 허리

㉕ **elbow**
[élbou 엘보우] 팔꿈치

㉖ **finger**
[fíŋɡər 핑거] 손가락

㉒ **ankle**
[ǽŋkl 앵클] 발목

㉗ **heel**
[hiːl 힐] 발뒤꿈치

275

가족을 나타내는 단어

① **family** [fǽməli 패멀리] 가족

② **grandmother**
[grǽndmλðər 그랜드머더]
할머니

③ **grandfather**
[grǽndfɑːðər 그랜드파더]
할아버지

④ **mother**
[mʌ́ðər 머더]
어머니

⑤ **father**
[fɑːðər 파더]
아버지

⑥ **daughter**
[dɔːtər 도터] 딸

⑦ **son**
[sʌn 썬] 아들

⑧ **husband** [hʌ́zbənd 허즈번드] 남편

⑨ **wife** [waif 와이프] 아내

⑩ **brother** [brʌ́ðər 브러더] 형제

⑪ **sister** [sístər 씨스터] 자매

⑫ **family tree** [fǽməli tri: 패멀리 트리] 가계도

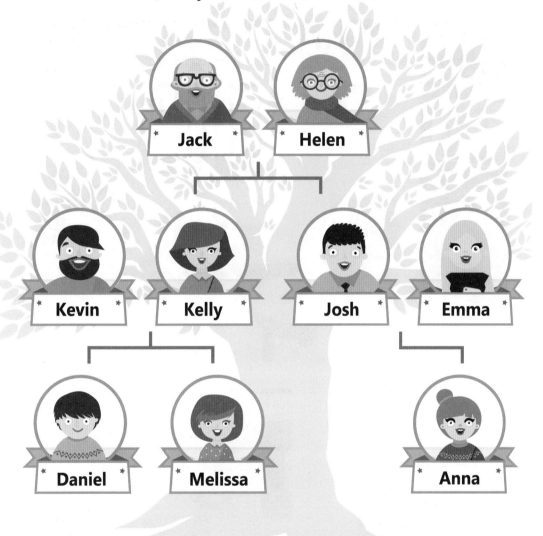

Anna는 Kelly의   ⑬ **niece** [ni:s 니스] 조카딸   입니다.

Daniel은 Josh의   ⑭ **nephew** [néfju: 네퓨] 조카   입니다.

Melissa는 Anna의   ⑮ **cousin** [kʌ́zn 커즌] 사촌   입니다.

Emma는 Melissa의   ⑯ **aunt** [ænt 앤트] 아주머니   입니다.

Kevin은 Anna의   ⑰ **uncle** [ʌ́ŋkl 엉클] 아저씨   입니다.

277

① **living room** [lívǐŋ ruːm 리빙 룸] 거실

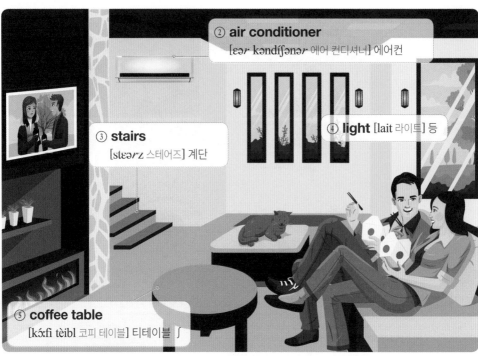

② **air conditioner**
[ɛər kəndíʃənər 에어 컨디셔너] 에어컨

③ **stairs**
[stɛərz 스테어즈] 계단

④ **light** [lait 라이트] 등

⑤ **coffee table**
[kɔ́ːfi tèibl 코피 테이블] 티테이블

⑥ **clock** [klɑk 클락] 시계   ⑦ **wall** [wɔːl 월] 벽

⑧ **TV** [tíːvíː 티비]
텔레비전

⑨ **carpet**
[kɑ́ːrpit 카아핏] 카펫

⑩ **sofa** [sóufə 소우퍼] 소파

⑪ **ceiling** [síːliŋ 씨링] 천장

⑬ **window** [wíndou 윈도우] 창(문)

⑫ **curtain** [kə́ːrtn 커어튼] 커튼

⑭ **shelf** [ʃelf 쉘프] 선반

⑮ **desk lamp** [desk læmp 데스크 램프] 탁상용 스탠드

⑯ **chair** [tʃɛər 체어] 의자

⑰ **telephone** [téləfòun 텔러포운] 전화

⑱ **floor** [flɔːr 플로어] 마루

11 침실에서 볼 수 있는 단어

① **bedroom** [bédrùːm 베드룸] 침실

② **night** [naít 나이트] 밤

③ **bed** [bed 베드] 침대

④ **blanket** [blǽŋkit 블랭킷] 담요

⑤ **drawer** [drɔ́ːəɾ 드로어] 서랍

⑥ **desk** [desk 데스크] 책상

⑦ **wardrobe** [wɔ́ːrdròub 워어드로우브] 양복장

⑧ **rug** [rʌg 러그] (작은 카펫같이 생긴) 깔개/양탄자

⑨ **computer**
[kəmpjúːtər 컴퓨터] 컴퓨터

⑩ **pillow** [pílou 필로우] 베개

⑪ **bookcase**
[búkkèis 북케이스] 책장

⑫ **sheet** [ʃiːt 쉬트] 시트

⑬ **shelf** [ʃelf 셀프] 선반

⑭ **mirror** [mírər 미러] 거울

⑮ **dresser** [drésər 드레써] 화장대

⑯ **shower**
[ʃáuər 샤우어] 샤워

⑰ **bathroom**
[bǽθruːm 배쓰룸] 욕실

⑱ **bathtub**
[bǽθtʌb 배스텁] 욕조

① **kitchen** [kítʃin 키친] 부엌

② **microwave oven**
[máikrouwèiv ʌ́vn 마이크로우웨이브 어븐]
전자레인지

③ **cutting board**
[kʌ́tiŋ bɔ́ːrd 커팅 보어드] 도마

⑤ **stove** [stouv 스토우브]
레인지

④ **can** [kæn 캔] 통조림

⑥ **fork** [fɔːrk 포어크] 포크
⑦ **knife** [naif 나이프] 칼
⑧ **spoon** [spuːn 스푼] 숟가락

⑨ **chopsticks**
[tʃápstìk 찹스틱] 젓가락

⑩ **jar** [dʒɑːr 자아]
(입구가 넓은) 병

⑪ **bowl**
[boul 보울] 사발, 공기

⑫ **glass**
[glǽs 글래스] 유리잔

⑬ **dish**
[diʃ 디쉬] (깊은) 접시

⑭ **ladle**
[leidl 레이들] 국자

⑮ **pot** [pɑt 팟] 냄비

⑯ **bottle**
[bátl 바틀] 병

⑰ **cupboard**
[kʌ́bbərd 컵버드] 찬장

⑱ **plate** [pleit 플레이트]
(보통 납작하고 둥근) 접시

⑲ **faucet** [fɔ́ːsit 포씻]
수도꼭지

⑳ **cup** [kʌp 컵] 컵, 찻종

㉑ **sink** [siŋk 씽크] 씽크대

㉒ **frying pan**
[fráiiŋ pæn 프라잉 팬] 프라이팬

㉓ **kettle**
[kétl 케틀] 주전자

㉔ **freezer**
[fríːzər 프리저] 냉동고

㉕ **refrigerator**
[rifrídʒərèitər 리프리저레이터]
냉장고

㉖ **oven**
[ʌvn 어븐] 오븐

13 옷과 장신구를 나타내는 단어

① **clothing** [klóuðiŋ 클로우딩] 옷

② **muffler** [mʌ́flər 머플러] 머플러

③ **shoes** [ʃuːz 슈즈] 구두

③ **gloves** [glʌvz 글러브즈] 장갑

⑧ **shirt** [ʃəːrt 서어트] 와이셔츠

⑨ **pocket** [pɑ́kit 파킷] 호주머니

④ **tie** [tai 타이] 넥타이

⑤ **button** [bʌ́tn 버튼] 단추

⑥ **jacket** [dʒǽkit 재킷] 재킷

⑦ **pants** [pænts 팬츠] 바지

⑩ **handkerchief**
[hǽŋkərtʃif 행커치프] 손수건

⑪ **belt** [belt 벨트] 벨트

⑫ **glasses**
[glǽsiz 글래시즈] 안경

⑬ **sneakers**
[sníːkərz 스니커즈] 운동화

⑭ **wallet**
[wlit 월릿] 지갑

⑮ **handbag** [hǽndbæg 핸드백] 핸드백

⑯ **high heels**
[hai hi:lz 하이 힐즈] 하이힐

⑰ **coat** [kout 코우트]
코트, 외투

⑱ **blouse** [blaus 블라우스]
블라우스

⑲ **dress** [dres 드레스] 드레스

⑳ **skirt** [skə:rt 스커어트] 스커트, 치마

㉑ **sweater**
[swétər 스웨터] 스웨터

㉒ **ring** [riŋ 링] 반지

㉓ **bracelet**
[breislət 브레이슬럿] 팔찌

㉔ **watch**
[watʃ 와치] 시계

㉕ **necklace** [néklis 네클리스] 목걸이

㉖ **earing**
[íəriŋ 이어링] 귀걸이

㉗ **jeans** [dʒi:nz 진즈] 청바지

㉘ **boots** [bu:ts 부츠] 부츠

㉙ **hat** [hæt 햇] 모자

㉚ **socks** [saks 싹스] 양말

㉛ **umbrella** [ʌmbrélə 엄브레러] 우산

㉜ **cap** [kæp 캡] (양태 없는) 모자

14 도시에서 볼 수 있는 단어

① **town** [taun 타운] 도시

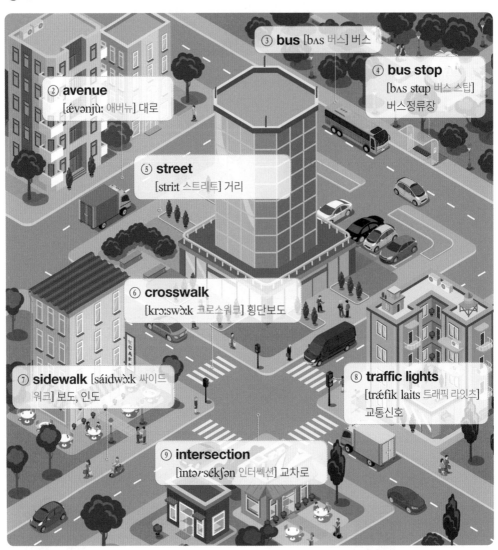

③ **bus** [bʌs 버스] 버스

④ **bus stop**
[bʌs stɑp 버스 스탑]
버스정류장

② **avenue**
[ǽvənjùː 애버뉴] 대로

⑤ **street**
[striːt 스트리트] 거리

⑥ **crosswalk**
[krɔːswɔ̀ːk 크로스워크] 횡단보도

⑦ **sidewalk** [sáidwɔ̀ːk 싸이드
워크] 보도, 인도

⑧ **traffic lights**
[trǽfik laits 트래픽 라잇츠]
교통신호

⑨ **intersection**
[ìntərsékʃən 인터쎅션] 교차로

⑩ **station** [stéiʃən 스테이션] 정거장

⑪ **bridge** [bridʒ 브리지] 다리

⑫ **pool** [puːl 풀] 수영장

⑬ **zoo** [zuː 주] 동물원

⑭ **library** [láibrèri 라이브레리] 도서관

⑮ **stadium** [stéidiəm 스테이디엄] 경기장

⑯ **bank** [bæŋk 뱅크] 은행

⑰ **theater** [θíːətər 씨어터] 극장

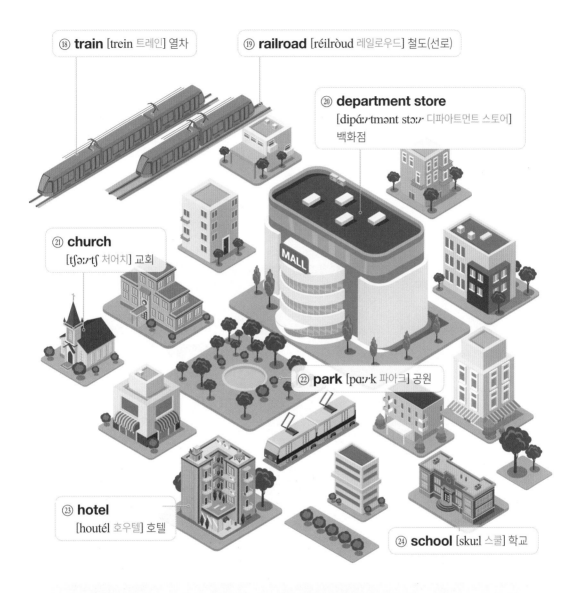

⑱ **train** [trein 트레인] 열차

⑲ **railroad** [réilròud 레일로우드] 철도(선로)

⑳ **department store**
[dipáːrtmənt stɔːr 디파아트먼트 스토어]
백화점

㉑ **church**
[tʃəːrtʃ 처어치] 교회

㉒ **park** [paːrk 파아크] 공원

㉓ **hotel**
[houtél 호우텔] 호텔

㉔ **school** [skuːl 스쿨] 학교

㉕ **gymnasium**
[dʒimnéiziəm 짐네이지엄] 실내체육관

㉖ **bookstore**
[búkstɔ̀ːr 북스토어] 서점

㉗ **subway station**
[sʌ́bwèi stéiʃən 썹웨이 스테이션] 지하철역

㉘ **restaurant**
[réstərənt 레스터런트] 레스토랑

㉙ **supermarket**
[súːpərmàːrkit 수퍼마아킷] 슈퍼마켓

㉚ **museum**
[mjuːzíːəm 뮤지엄] 박물관, 미술관

① **classroom** [klǽsru:m 클레스룸] 교실

② **teacher**
[tíːtʃər 티처] 선생님

③ **bulletin board**
[búlətin bɔːrd 블러틴 보어드] 게시판

④ **board**
[bɔːrd 보어드] 칠판

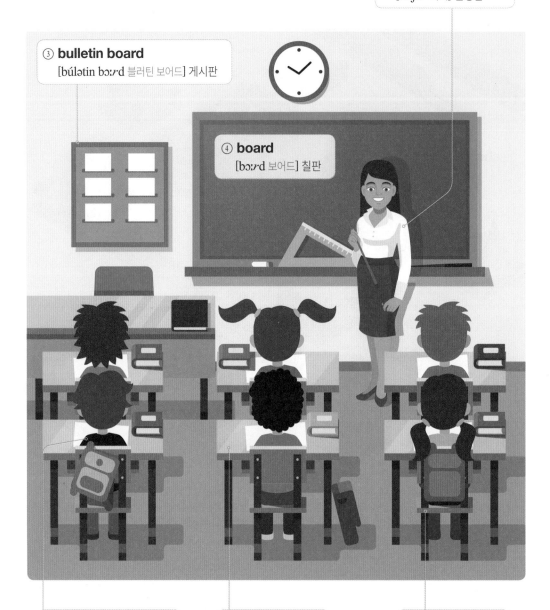

⑤ **student**
[stjúːdnt 스튜든트] 학생

⑥ **desk**
[desk 데스크] 책상

⑦ **chair**
[tʃɛər 체어] 의자

⑧ **stationery** [steiʃəneri 스테이셔너리] 문구(류)

⑨ **globe** [gloub 글로우브] 지구본

⑩ **pencil sharpener**
[pénsl ʃáːrpnər 펜슬 샤아프너]
연필깎이

⑪ **eraser**
[iréizər 이레이저]
지우개

⑫ **ruler** [ruːlər 룰러] 자

⑬ **book** [buk 북] 책

⑭ **pencil**
[pénsl 펜슬] 연필

⑮ **glue**
[gluː 글루] 풀

⑯ **notebook**
[nóutbùk 노우트북] 공책

⑰ **chalk** [tʃɔːk 초크] 분필

⑱ **pencil case**
[pénsl keis 펜슬 케이스] 필통

⑲ **paint** [peint 페인트] 물감

⑳ **textbook** [tékstbùk 텍스트북] 교과서

㉑ **map** [mæp 맵] 지도

㉒ **calendar** [kǽlindər 캘린더] 달력

㉓ **paper** [péipər 페이퍼] 종이

㉔ **Korean** [kəríːən 커리언] 국어

㉕ **English** [íŋgliʃ 잉글리쉬] 영어

㉖ **math** [mæθ 매쓰] 수학

㉗ **history** [hístəri 히스터리] 역사

㉘ **art** [ɑːrt 아아트] 미술

㉙ **music** [mjúːzik 뮤직] 음악

㉚ **science** [sáiəns 싸이언스] 과학

① **sport** [spɔːrt 스포오트] 스포츠, 운동

② **boxing** [báksiŋ 박씽] 권투

③ **baseball** [béisbɔ̀ːl 베이스볼] 야구

④ **weightlifting** [weitliftiŋ 웨이트리프팅] 역도

⑤ **soccer** [sákər 싸커] 축구

⑥ **cycling** [sáikliŋ 싸이클링] 사이클링

⑦ **basketball** [bǽskitbɔ̀ːl 배스킷볼] 농구

⑧ **tennis** [ténis 테니스] 테니스

⑨ **cricket** [kríkit 크리킷] 크리켓

⑩ **swimming**
[swímiŋ 스위밍] 수영

⑪ **skating**
[skéitiŋ 스케이팅] 스케이팅

⑫ **snowboard**
[snoubɔːrd 스노우보어드] 스노보드

⑬ **skiing**
[skíːiŋ 스키잉] 스키

⑭ **football**
[fútbɔ̀ːl 풋볼] 미식축구

⑮ **volleyball** [válibɔ̀ːl 발리볼] 배구

⑯ **handball** [hǽndbɔ̀ːl 핸드볼] 핸드볼

⑰ **badminton**
[bǽdmintən 배드민턴] 배드민턴

⑱ **bowling** [bóuliŋ 보울링] 볼링

⑲ **softball**
[sɔ́ːftbɔ̀ːl 소프트볼] 소프트볼

⑳ **squash** [skwɔʃ 스쿼쉬] 스쿼시

㉑ **hockey** [háki 하키] 하키

㉒ **wrestling** [résliŋ 레슬링] 레슬링

㉓ **table tennis**
[téibl ténis 테이블 테니스] 탁구

㉔ **golf** [gɔlf 골프] 골프

㉕ **jogging** [dʒágiŋ 자깅] 조깅

17 과일과 채소 이름을 나타내는 단어

① **fruit** [fruːt 프루트] 과일

② **banana**
[bənǽnə 버내너] 바나나

③ **lemon** [lémən 레먼] 레몬

④ **watermelon**
[wɔ́ːtərmèlən 워터멜런] 수박

⑤ **orange**
[ɔ́rindʒ 오린지] 오렌지

⑥ **strawberry**
[strɔ́ːbèri 스트로베리] 딸기

⑦ **peach**
[piːtʃ 피치] 복숭아

⑧ **grape**
[greip 그레이프] 포도

⑨ **pear** [pɛər 페어] 배

⑩ **apple** [ǽpl 애플] 사과

⑪ **pineapple**
[páinæpl 파인애플] 파인애플

⑫ **vegetable** [védʒətəbl 베저터블] 채소

⑬ **cabbage**
[kǽbidʒ 캐비지] 양배추

⑭ **cucumber**
[kjú:kəmbər 큐컴버] 오이

⑮ **eggplant**
[egplǽnt 에그플랜트] 가지

⑯ **tomato** [təméitou 터메이
토우] 토마토

⑰ **pumpkin**
[pʌ́mpkin 펌프킨] 호박

⑱ **potato**
[pətéitou 퍼테이토우] 감자

⑲ **garlic**
[gá:rlik 가알릭] 마늘

⑳ **carrot** [kǽrət 캐럿] 당근

㉑ **pepper**
[pépər 페퍼] 피망

㉒ **onion** [ʌ́njən 어니언] 양파

㉓ **bean**
[bi:n 빈] 콩

㉔ **beet**
[bi:t 비트] 비트

㉕ **broccoli**
[brɑːɔ́kəli 브라컬리] 브로콜리

① **animal** [ǽnəməl 애너멀] 동물

② **elephant**
[éləfənt 엘러펀트] 코끼리

③ **rhinoceros**
[rainásərəs 라이나써러스] 코뿔소

④ **lion**
[láiən 라이언] 사자

⑤ **goat** [gout 고우트] 염소

⑥ **cow** [kau 카우] 소

⑦ **horse**
[hɔːrs 호어스] 말

⑧ **sheep** [ʃiːp 쉬프]
양

⑨ **pig** [pig 피그] 돼지

⑩ **giraffe** [ʤərǽf 저래프] 기린

⑪ **hippo** [hípou 히포우] 하마

⑫ **zebra** [zíːbrə 지브러] 얼룩말

⑬ **leopard** [lépəːrd 레퍼어드] 표범

⑭ **crocodile** [krákədàil 크라커다일] 악어

⑮ **wolf** [wulf 울프] 늑대

⑯ **deer** [diər 디어] 사슴

⑰ **camel** [kǽməl 캐멀] 낙타

⑱ **tiger** [táigər 타이거] 호랑이

⑲ **gorilla** [gərílə 거릴러] 고릴라

⑳ **monkey** [mʌ́ŋki 멍키] 원숭이

㉑ **rabbit** [rǽbit 래빗] 토끼

㉒ **frog** [frɔːg 프로그] 개구리

㉓ **mouse** [maus 마우스] 생쥐

㉔ **dog** [dɔg 도그] 개

㉕ **cat** [kæt 캣] 고양이

㉖ **ostrich** [ɔ́ːstritʃ 어스트리치] 타조

㉗ **fox** [fɑks 팍스] 여우

㉘ **tortoise** [tɔ́ːrtəs 토어터스] 육지거북

㉙ **bear** [bɛər 베어] 곰

㉚ **snake** [sneik 스네익] 뱀

19 바다동물과 새, 곤충의 이름을 나타내는 단어

① **sea animals** [siː ǽnəməlz 씨 애너멀즈] 바다동물

② **dolphin** [dɔ́lfin 돌핀] 돌고래

③ **shark** [ʃɑːrk 샤아크] 상어

④ **turtle** [tɔ́ːrtl 터틀] 바다거북

⑤ **whale** [hweil 웨일] 고래

⑥ **shell** [ʃel 셸] 조개

⑦ **squid** [skwid 스퀴드] 오징어

⑧ **crab** [kræb 크랩] 게

⑨ **lobster** [lábstər 랍스터] 바닷가재   ⑪ **shrimp** [ʃrimp 쉬림프] 새우

⑩ **seal** [siːl 씨일] 물개   ⑫ **octopus** [ɔ́ktəpəs 옥터퍼스] 문어

⑬ **bird** [bəːrd 버어드] 새

⑭ **parrot**
[pǽrət 패럿] 앵무새

⑮ **crow**
[krou 크로우] 까마귀

⑯ **chicken** [tʃíkin 치킨] 닭

⑰ **duck**
[dʌk 덕] 오리

⑱ **penguin**
[péŋgwin 펭귄] 펭귄

⑲ **pigeon**
[pídʒən 피전] 비둘기

⑳ **insect** [ínsekt 인섹트] 곤충

㉑ **bee** [biː 비] 벌

㉒ **ant** [ænt 앤트] 개미

㉓ **spider**
[spáidər 스파이더] 거미

㉔ **dragonfly** [drǽgənflài 드래건플라이] 잠자리

㉕ **butterfly**
[bʌ́tərflài 버터플라이] 나비

㉖ **bat** [bæt 뱃] 박쥐

㉗ **swan** [swɑn 스완] 백조

㉘ **sea gull** [siː gʌl 씨 걸] 갈매기

㉙ **swallow** [swɑ́lou 스왈로우] 제비

㉚ **moth** [mɔːθ 모쓰] 나방

㉛ **fly** [flai 플라이] 파리

㉜ **mosquito** [məskíːtou 머스키토우] 모기

㉝ **worm** [wəːrm 워엄] 벌레

② **actress**
[ǽktris 액트리스] 여배우

④ **cook** [kuk 쿡] 요리사

① **soldier**
[sóuldʒəːr 소울저] 군인

③ **fire fighter**
[faiər fáitər 파이어 파이터]
소방관

⑥ **pilot**
[páilət 파일럿] 조종사

⑧ **police officer**
[pəlíːs ɔ́ːfisər 펄리스 오피써]
경찰관

⑤ **stewardess**
[stjúːərdis 스튜어디스]
스튜어디스

⑦ **postman**
[póustmən 포우스트먼] 우편배달부

⑨ **waitress**
[wéitris 웨이트리스] 웨이트리스

⑩ **waiter**
[wéitər 웨이터] 웨이터

⑪ **teacher**
[tíːtʃər 티처] 교사

⑫ **farmer**
[fáːrmər 파아머] 농부

⑬ **doctor**
[dáktər 닥터] 의사

⑭ **nurse**
[nəːrs 너어스] 간호사

⑮ **reporter** [ripɔ́ːrtər 리포어터] 기자

⑯ **lawyer** [lɔ́jəːr 로여] 변호사

⑰ **fisher man** [fíʃər mən 피셔 먼] 어부

⑱ **taxi driver**
[tǽksi dráivər 택씨 드라이버] 택시기사

⑲ **barber** [báːrbər 바아버] 이발사

⑳ **scientist** [sáiəntist 싸이언티스트] 과학자

㉑ **actor** [ǽktər 액터] 배우

㉒ **hair dresser**
[hɛər drèsər 헤어 드레써] 미용사

㉓ **artist** [áːrtist 아아티스트] 미술가

㉔ **writer** [ráitər 라이터] 작가

취미를 나타내는 단어

① **hobby** [hábi 하비] 취미

② **palying soccer** 축구
[péiliŋ sákər 플레잉 싸커]

③ **reading** 독서
[rí:diŋ 리딩]

④ **cooking** 요리
[kúkiŋ 쿠킹]

⑤ **gardening** 원예
[gá:rdniŋ 가아드닝]

⑥ **palying the guitar** 기타연주
[péiliŋ ðə gitá:r 플레잉 더 기타아]

⑦ **painting** 그림
[péintiŋ 페인팅]

⑧ **raising cat** 고양이 키우기
[reiziŋ kæt 레이징 캣]

⑨ **biking** 바이킹
[báikiŋ 바이킹]

⑩ **dancing** 춤
[dǽnsiŋ 댄씽]

① **music** [mjúːzik 뮤직] 음악

② **classical music** 클래식 음악
[klǽsikəl mjúːzik 크래씨컬 뮤직]

③ **rock music** 록 음악
[rɑk mjúːzik 락 뮤직]

④ **jazz** 재즈
[dʒæz 재즈]

⑤ **musical** 뮤지컬
[mjúːzikəl 뮤지컬]

⑥ **musical instrument** 악기
[mjúːzikəl ínstrəmənt 뮤지컬 인스트러먼트]

⑦ **violin** 바이올린
[vàiəlín 바이얼린]

⑧ **xylophone** 실로폰
[záiləfòun 자일러포운]

⑨ **flute** 플루트
[fluːt 플루트]

⑩ **guitar** 기타
[gitáːr 기타아]

⑪ **piano** 피아노
[piǽnou 피애노우]

⑫ **trumpet** 트럼펫
[trʌ́mpit 트럼핏]

⑬ **harp** 하프
[hɑːrp 하아프]

⑭ **tambourine** 탬버린
[tæ̀mbəríːn 탬버린]

⑮ **triangle** 트라이앵글
[tráiæ̀ŋgl 트라이앵글]

⑯ **drum** 드럼
[drʌm 드럼]

⑰ **organ** 오르간
[ɔ́ːrgən 오어건]

23 자연에서 볼 수 있는 단어

① **nature** [néitʃər 네이처] 자연

② **cloud**
[kláud 클라우드] 구름

③ **rainbow**
[réinbòu 레인보우] 무지개

④ **village**
[vílidʒ 빌리지] 마을

⑤ **farm** [fάːrm 파암] 농장

⑥ **cattle**
[kǽtl 캐틀] 소

⑦ **pond** [pάnd 판드] 연못

⑧ **sun** [sʌ́n 썬] 태양

⑨ **valley**
[vǽli 밸리] 골짜기

⑩ **lake** [léik 레이크] 호수

⑪ **hill** [híl 힐] 언덕

⑫ **field** [fíːld 필드] 들판

⑬ **mountain**
[máuntən 마운튼] 산

⑭ **forest**
[fɔ́ːrist 포리스트] 숲

⑮ **river** [rívər 리버] 강

⑯ **sky** [skái 스카이] 하늘

⑰ **island**
[áilənd 아일런드] 섬

⑱ **sea** [síː 씨] 바다

⑲ **coast**
[kóust 코우스트] 연안

⑳ **beach**
[bíːtʃ 비치] 바닷가

24 상태를 나타내는 단어

① **soft** [sɔft 소프트] 부드러운
② **hard** [hɑːrd 하아드] 딱딱한

③ **clean** [kliːn 클린] 깨끗한
④ **dirty** [dɔ́ːrti 더어티] 더러운

⑤ **large** [lɑːrdʒ 라아지] 큰
⑥ **small** [smɔːl 스몰] 작은

⑦ **tall** [tɔːl 톨] 키 큰
⑧ **short** [ʃɔːrt 쇼어트] 키 작은, 짧은

⑨ **new** [njuː 뉴] 새것의
⑩ **old** [ould 오울드] 오래된

⑪ **fast** [fæst 패스트] 빠른
⑫ **slow** [slou 슬로우] 느린

⑬ **light** [lait 라이트] 밝은

⑭ **dark** [dɑːrk 다아크] 어두운

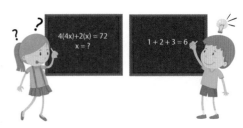

⑮ **difficult** [dífikʌlt 디피컬트] 어려운

⑯ **easy** [íːzi 이지] 쉬운

⑰ **sad** [sæd 새드] 슬픈

⑱ **happy** [hǽpi 해피] 행복한

⑲ **good** [gud 굿] 좋은

⑳ **bad** [bæd 배드] 나쁜

㉑ **cold** [kould 코울드] 차가운/추운

㉒ **hot** [hɑt 핫] 뜨거운/더운

㉓ **smooth** [smuːð 스무쓰] 부드러운

㉔ **rough** [rʌf 러프] 거친

㉕ **long** [lɔːŋ 롱] 긴

㉖ **high** [hai 하이] 높은

㉗ **low** [lou 로우] 낮은

㉘ **rich** [ritʃ 리치] 부유한

㉙ **poor** [puər 푸어] 가난한

㉚ **hungry** [hʌ́ŋgri 헝그리] 배고픈

㉛ **full** [ful 풀] 배부른

㉜ **young** [jʌŋ 영] 젊은

25 동작을 나타내는 단어

① **cry** [krai 크라이] 울다

② **eat** [iːt 이트] 먹다

③ **read** [riːd 리드] 읽다

④ **fight** [fait 파이트] 싸우다

⑤ **play** [plei 플레이] 놀다, 연주하다

⑥ **run** [rʌn 런] 뛰다

⑦ **sit** [sit 씻] 앉다

⑧ **walk** [wɔːk 워크] 걷다

⑨ **look** [luk 룩] 보다

⑩ **write** [rait 라이트] 쓰다

⑪ **drink** [driŋk 드링크] 마시다

⑫ **talk** [tɔːk 토크] 말하다

⑬ **drive** [draiv 드라이브] 운전하다

⑭ **cook** [kuk 쿡] 요리하다

⑮ **cut** [kʌt 컷] 자르다

⑯ **study** [stʌ́di 스터디] 공부하다

⑰ **feel** [fiːl 필] 느끼다

⑱ **pull** [pul 풀] 당기다

⑲ **push** [puʃ 푸쉬] 밀다

⑳ **go** [gou 고우] 가다

㉑ **come** [kʌm 컴] 오다

㉒ **stand** [stænd 스탠드] 일어서다

㉓ **swim** [swim 스윔] 수영하다

㉔ **hear** [hiər 히어] 듣다, 들리다

㉕ **wash** [wɑʃ 와쉬] 씻다

㉖ **sing** [siŋ 씽] 노래하다

㉗ **dance** [dæns 댄스] 춤추다

㉘ **sleep** [sliːp 슬립] 잠자다

㉙ **make** [meik 메익] 만들다

A: **Good morning.**
B: **Good morning.**
굿 보닝

A: **Good afternoon.**
B: **Good afternoon.**
굿 앱터눈

A: **Good evening.**
B: **Good evening.**
굿 이브닝

A: **Good night.**
B: **Good night.**
굿 나잇

A: **Hi.**
B: **Hi.**
하이

A: **Hello.**
B: **Hello.**
헬로우

A: **Nice to meet you.**
B: **Nice to meet you, too.**
나이스 투 밋츄, 투

A: **How are you?**
하우 알 유

B: **Good, and you?**
굿, 앤드 유

A: **Long time no see.**
롱 타임 노 씨

B: **Long time.**
롱 타임

A: **See you later.**
씨 유 레이러

B: **See you.**
씨 유

Good morning.

아침에 일어나서 정오 사이에 하는 인사예요.

Good afternoon.

정오에서 대강 오후 5시 사이에 쓰는 인사예요.

Good evening.

어두워지기 시작할 때부터 저녁 사이에 쓰는 인사예요.

Good night.

밤에 헤어질 때 쓰는 인사로 영화 등에서 자주 나오듯이 잠자리에 들 때도 쓰죠.

Hi.

친구나 아는 사람을 만났을 때 하루의 어느 때나 가볍게 쓸 수 있어요.

Hello.

Hi보다 좀 더 공손한 표현으로 처음 만나거나 윗사람에게는 Hello를 쓰는 것이 좋아요.

Nice to meet you.

'만나서 반가워'의 뜻으로 처음 만났을 때 쓰는 인사말로 이에 대한 인사는 too를 써서 Nice to meet you, too.라고 해요.

How are you?

'어떻게 지내니?' 현재의 기분이나 컨디션을 묻는 말이지만 가벼운 인사말로도 쓰이며, 대답할 때는 Fine(Good), and you?라고 해요.

Long time no see.

오랜만에 만난 친구에게 할 수 있는 인사말로 줄여서 Long time.이라고도 해요.

See you later.

'다음에 보자'의 뜻으로 언제 만날지 모르지만 다시 만나게 될 사람과 헤어질 때 쓰이죠.

A: **This is my son Chang-ho.**
디스 이즈 마이 손창호

B: **How do you do.**
하우 두 유 두

A: **Thank you.**
탱큐

B: **You're welcome.**
유아 웰컴

A: **Thank you for your help.**
탱큐 포어 유어 헬프

B: **Not at all.**
낫 앳 올

A: **Thank you very much.**
탱큐 베리 머치

B: **My pleasure.**
마이 플레저

A: **Excuse me, what time is it?**
익스큐즈 미, 왓 타임 이즈 잇

B: **It's nine o'clock.**
잇츠 나인 어클락

A: I'm sorry to bother you.
아임 쏘리 투 바더 유

B: No problem.
노 프라블럼

A: I'm sorry.
아임 쏘리

B: That's all right.
댓츠 올 라잇

This is Chang-ho.

'얘는 창호야.'의 뜻으로 소개하는 가장 간편한 패턴(This is 이름)입니다. 나와의 관계를 말할 때는 This is my friend Chang-ho.(얘는 내 친구 창호야.)라고 해요. 그리고 좀더 격식을 차려 소개할 때는 Let me introduce Chang-ho to you. (창호를 소개하겠습니다.)라고 해요.

How do you do.

상대에게 다른 사람을 소개받았을 때 하는 인사말이에요. 만나서 반갑다고 말할 때는 Nice to meet you.라고 하죠.

Thank you.

상대에게 고마움을 나타낼 때 쓰이는 말로 줄여서 Thanks라고도 해요.

Thank you very much.

고마움을 강조하고자 할 때 쓰는 말로 Thank you so much.나 Thanks a lot.도 같은 뜻으로 쓰인답니다.

You're welcome.

고마움의 표시에 대한 가장 일반적인 응답으로 더욱 공손하게 응답할 때는 Not at all.)라고도 해요.

I'm sorry.

미안함을 나타낼 때 쓰는 말로 줄여서 Sorry.라고도 해요. 미안함을 강조하여 말할 때는 I'm so sorry.(정말 미안해.)라고 하죠.

That's all right.

'괜찮아'의 뜻으로 미안하다는 말에 가장 대표적으로 쓰이는 응답이에요. 그밖에 That's ok.나 아무 문제없다는 뜻으로 No problem.도 대답할 때 쓰인답니다.

Excuse me.

'실례합니다'의 뜻으로 아직 일어나지 않았지만 상대에게 피해를 줘야 할 경우 양해를 구할 때 쓰는 말이에요.

be동사 am, ar, is 사용법

✸ 주어가 단수(한 사람/하나)일 때

나	I	am	happy.	나는 행복하다.
당신	You	are	tall.	너는 키가 크다.
나·당신 이외의 사람과 물건	He		busy.	그는 바쁘다.
	She		pretty.	그녀는 귀엽다.
	It		a desk.	그것은 책상이다.
	Tom		a singer.	톰은 가수이다.
	Mary	is	a teacher.	메리는 선생이다.
	My father		a doctor.	나의 아버지는 의사이다.
	This		my bag.	이것은 내 가방이다.
	Our dog		white.	우리 개는 하얗다.
	Your house		big.	당신의 집은 크다.

✸ 주어가 복수(두 사람/두 개 이상)일 때

우리들	We		happy.	우리는 행복하다.
당신들	You		tall.	당신들은 키가 크다.
나·당신 이외의 사람들과 물건	They		busy.	그들은 바쁘다.
	Tom and Mary		singers.	톰과 메리는 가수이다.
	My parents	are	teachers.	나의 부모는 선생님이다.
	Those		elephants.	그것들은 코끼리이다.
	Her dogs		cute.	그녀의 개는 귀엽다.
	These apples		sweet.	이 사과들은 달다.

* am, are, is는 'be동사'라고 하는 동사의 활용형으로 영어에는 두 가지 동사 형태가 있어요.
  하나는 위의 'be동사'이고, 다른 하나는 동작이나 작용, 상태를 나타내는 '일반동사'가 있죠.

Be quiet!
조용히!

✹ 단수(한 사람/하나)일 때

	~은(는)	~의	~을(를)	~의 것
나	I	my	me	mine
당신	you	your	you	yours
그	he	his	him	his
그녀	she	her	her	hers
그것	it	its	it	—

✹ 복수(두 사람/두 개 이상)일 때

	~은(는)	~의	~을(를)	~의 것
우리들	we	our	us	ours
당신들	you	your	you	yours
그들 그녀들 그것들	they	their	them	theirs

✹ 참고

	~은(는)	~의	~을(를)	~의 것
Tom	Tom	Tom's	Tom	Tom's
Mary	Mary	Mary's	Mary	Mary's

* '~은(는)'은 주격, '~의'는 소유격, '~을(를)'은 목적격, '~의 것'은 소유대명사라고 해요.

Whose pen is that?
저건 누구 펜이야?

It's mine.
내 것이야.

동사의 불규칙 변화형

① A - A - A 형

현재형	과거형	과거분사	의미
cast	cast	cast	던지다
cost	cost	cost	비용이 들다
cut	cut	cut	자르다
hit	hit	hit	치다
hurt	hurt	hurt	상처를 입히다
let	let	let	시키다
put	put	put	놓다
set	set	set	두다
shut	shut	shut	닫다
upset	upset	upset	뒤엎다
bet	bet	bet	내기하다

② A - B - A 형

현재형	과거형	과거분사	의미
become	became	become	~이 되다
come	came	come	오다
run	ran	run	달리다

③ A - A - B 형

현재형	과거형	과거분사	의미
beat	beat	beaten	때리다

④ A - B - B 형

현재형	과거형	과거분사	의미
bend	bent	bent	구부리다
bring	brought	brought	가져오다
buy	bought	bought	사다
catch	caught	caught	잡다
deal	dealt	dealt	다루다
feed	fed	fed	먹이를 주다

feel	felt	felt	느끼다
fight	fought	fought	싸우다
hear	heard	heard	듣다
hold	held	held	잡다, 손에 들다
keep	kept	kept	지키다
lead	led	led	이끌다
leave	left	left	떠나다
lend	lent	lent	빌려주다
lose	lost	lost	잃다
mean	meant	meant	의미하다
meet	met	met	만나다
pay	paid	paid	지불하다
say	said	said	말하다
seek	sought	sought	찾다, 구하다
sell	sold	sold	팔다
shoot	shot	shot	쏘다
sleep	slept	slept	잠자다
spend	spent	spent	소비하다
spin	spun	spun	돌다
stand	stood	stood	서다
stick	stuck	stuck	찌르다
strike	struck	struck	치다
teach	taught	taught	가르치다
think	thought	thought	생각하다
win	won	won	이기다

⑤ A - B - C 형

현재형	과거형	과거분사	의 미
begin	began	begun	시작하다
bite	bit	bitten	물다
blow	blew	blown	불다
break	broke	broken	부수다

choose	chose	chosen	고르다
draw	drew	drawn	끌다
drink	drank	drunk	마시다
drive	drove	driven	운전하다
eat	ate	eaten	먹다
fly	flew	flown	날다
forget	forgot	forgotten	잊다
freeze	froze	frozen	얼다
grow	grew	grown	성장하다
hide	hid	hidden	숨기다
know	knew	known	알다
ride	rode	ridden	타다
ring	rang	rung	울리다
rise	rose	risen	오르다
shake	shook	shaken	흔들다
show	showed	shown	보이다
sing	sang	sung	노래하다
sink	sank	sunk	가라앉다
speak	spoke	spoken	말하다
steal	stole	stolen	훔치다
swim	swam	swum	수영하다
throw	threw	thrown	던지다
wear	wore	worn	입다
write	wrote	written	쓰다

⑥ 혼동하기 쉬운 불규칙동사

현재형	과거형	과거분사	의 미
bind	bound	bound	묶다
bound	bounded	bounded	되튀다
fall	fell	fallen	떨어지다, 쓰러지다
fell	felled	felled	쓰러뜨리다
find	found	found	발견하다

found	founded	founded	세우다, 창립하다
fly	flew	flown	날다
flow	flowed	flowed	흐르다
lie	lay	lain	눕다
lie	lied	lied	거짓말하다
lay	laid	laid	눕히다
sit	sat	sat	앉다
set	set	set	두다
wind	wound	wound	감다
wound	wounded	wounded	상처를 입히다
welcome	welcomed	welcomed	환영하다
overcome	overcame	overcome	이겨내다, 극복하다
bear	bore	borne	참다
bear	bore	born	낳다
bid	bade	bidden	명령하다, 말하다
bid	bid	bid	값을 매기다
hang	hung	hung	걸다
hang	hanged	hanged	교수형에 처하다

영어의 단축형

① -n't

aren't	←	are not		isn't	←	is not
wasn't	←	was not		weren't	←	were not
don't	←	do not		doesn't	←	does not
didn't	←	did not		can't	←	can not, cannot
mustn't	←	must not		won't	←	will not
haven't	←	have not		hasn't	←	has not
couldn't	←	could not		shouldn't	←	should not
hadn't	←	had not				

② -'m

I'm	←	I am

③ -'re

you're	←	you are	we're	←	we are
they're	←	they are			

④ -'s

he's	←	he is, he has	she's	←	she is, she has
it's	←	it is, it has	that's	←	that is, that has
here's	←	here is	there's	←	there is
what's	←	what is	who's	←	who is
where's	←	where is	how's	←	how is

⑤ -'ll

I'll	←	I will	you'll	←	you will
he'll	←	he will	it'll	←	it will
we'll	←	we will	they'll	←	they will
that'll	←	that will	there'll	←	there will

⑥ -'ve

I've	←	I have	you've	←	you have
we've	←	we have	they've	←	they have

⑦ -'d

I'd	←	I would, I should, I had
you'd	←	you would, you had
he'd	←	he would, he had
we'd	←	we would, we should, we had